Marie-Theres Estermann

Hühner, Gänse, Enten

8., überarbeitete Auflage
43 Farbfotos
32 Zeichnungen

Inhalt

4 **Vorwort**

5 **Voraussetzungen für die Geflügelhaltung**

7 **Herkunft des Geflügels und Geflügelrassen**
7 Hühner
9 Gänse
10 Enten

11 **Lebensweisen und Körperfunktionen**
11 Körperbau und Sinnesorgane
12 Das Gefieder
14 Die Verdauung
15 Der Legevorgang
18 Das Ei

19 **Der Geflügelstall**
19 Bauweise und Einrichtung
29 Stallklima
30 Beleuchtung

31 **Hühnerhaltung**
31 Verhalten der Herde
35 Fütterung
41 Der Auslauf
42 Legeleistung
51 Die Brut
60 Aufzucht
69 Junggeflügelmast

73 **Gänse**
74 Haltung von Zucht- und Legegänsen
77 Brut und Aufzucht
84 Haltung und Fütterung der Masttiere
84 Daunen

86 **Enten**
88 Haltung von Zuchttieren
90 Brut und Aufzucht
93 Haltung und Fütterung der Masttiere

98 **Krankheiten des Geflügels**
98 Vorbeugemaßnahmen
101 Hautparasiten
102 Darmparasiten
108 Bakterielle Krankheiten
112 Viruskrankheiten
116 Krankheiten der Gänse
117 Krankheiten der Enten

119 **Schlachtung von Geflügel**

123 **Einige Zahlen auf einen Blick**

124 **Service**
124 Auskunft und Beratung
125 Literatur
125 Bildquellen
126 Register

Vorwort

Wohl in den meisten Menschen steckt noch ein bisschen Romantik und der Wunsch, sich auf die eine oder andere Weise, je nach Neigung und Möglichkeit, mit der Natur zu befassen und sich ihrer zu erfreuen.

Geflügel halten und betreuen ist ein Stück Natur und Umgang mit dem lebenden Tier. So ist es zu erklären, dass es sehr viele Geflügelhalter gibt, die ihre Tiere im Garten oder in der Nähe von Haus und Hof halten. Die Zucht oder auch nur das Halten von Hühnern, Gänsen und Enten und die Beobachtung ihrer Lebensweise dient der Entspannung nach einem arbeitsreichen Tag und am Wochenende.

Daneben sind die Produkte, die die Geflügelhaltung erbringt, eine willkommene Bereicherung der Küche, seien es Eier oder Geflügelfleisch, die aus ernährungswissenschaftlicher Sicht als hochwertig und gesund gelten.

Mancher Verbraucher ist froh, wenn er einen Geflügelhalter in der Nähe hat, der ihn mit Erzeugnissen seiner Tiere aus Auslauf- oder Bodenhaltung beliefern kann und es wäre vielleicht eine Überlegung wert, ob es sich lohnt, ein paar Hühner, Gänse oder Enten mehr zu halten, als zum Eigenverbrauch nötig sind, wenn die Möglichkeit dazu besteht. Sicher kann ein bescheidener Gewinn dabei erwirtschaftet werden.

Dieses Buch soll allen, die sich mit der Zucht und Haltung von Hühnern, Gänsen und Enten befassen oder damit beginnen wollen, Anregungen und Kenntnisse vermitteln, damit sie Spaß an der Geflügelhaltung und auch Erfolg dabei haben.

Aus langjähriger Erfahrung in der Beratung von Hühnerhaltern entstanden die praktischen Hinweise für die Haltung und Mast von Hühnern, Gänsen und Enten, für die natürliche und künstliche Brut und Aufzucht, für die Gewinnung und Behandlung der Erzeugnisse, für Stallbau und Einrichtungen und nicht zuletzt für Maßnahmen gegen Krankheiten. Auch Herkunft, Lebensweisen und Körperfunktionen sind, ebenso wie Stallbau, Einrichtung, Auslauf und Maßnahmen gegen Krankheiten, erklärt und dargestellt.

Diese inzwischen 8. Auflage des Buches ist neu überarbeitet und auf den derzeit gültigen Stand gebracht.

Eine Lektüre also für werdende und für bereits tätige Geflügelhalter, die auf das Wohl ihrer geflügelten Tiere bedacht sind und ihre Kenntnisse auf dem Gebiet der Geflügelhaltung erweitern möchten.

Marie-Theres Estermann

Voraussetzungen für die Geflügelhaltung

Wer sich mit Geflügelzucht oder Geflügelhaltung in herkömmlicher Art befassen möchte, braucht vor allem ein geeignetes Gelände. Als Auslauf für die Tiere ist eine Wiese oder Grünfläche mit fester Grasnarbe ideal, besonders wenn sie auch noch mit Bäumen oder Büschen als Schatten- und Schutzspender bewachsen ist.

Je nach Größe und Zustand des Grundstücks kann dann entschieden werden, welches Geflügel und wie viele Tiere man halten möchte.

Für eine Geflügelhaltung sollte genügend Platz vorhanden sein. Ungeeignet ist Gelände in der Nähe starker Wohnbebauung. Hier könnten die Geräusche, die eine Tierhaltung verursacht, den Nachbarn zum Ärgernis werden, auch wenn viele Menschen sich an Tieren erfreuen.

Vor allem Gänse verhalten sich nicht immer ruhig, trompeten sogar bisweilen nachts. Man sagt ihnen Wachsamkeit nach, die sich in lauten Rufen äußert.

Auch das Krähen der Hähne in den frühen Morgenstunden kann von Nachbarn als störend empfunden werden und hat schon zu manchem Zerwürfnis geführt. Es liegen Gerichtsurteile vor, wonach der ruhestörende Hahn abgeschafft werden musste.

Diese Tatsachen sind zu bedenken, bevor die ersten Schritte in Richtung Geflügelhaltung unternommen werden, um später keine unliebsamen Erfahrungen in dieser Hinsicht machen zu müssen. Es wäre schade, eine eben begonnene Tierhaltung mit Enttäuschung wieder aufgeben zu müssen.

Auch ein Stall, der den Erfordernissen entspricht, ist als Voraussetzung anzusehen. Arbeitserleichternd ist eine Unterkunft in Hausnähe, schon der besseren Aufsicht wegen – ein Gesichtspunkt, den vor allem Anfänger leicht unterschätzen.

Ideal ist es, jede Geflügelart für sich gesondert zu halten, das setzt jedoch einen größeren Stall und Auslauf voraus. Es ist aber möglich, Hühner und Gänse oder Enten und Gänse oder alle drei Geflügelarten in einem genügend großen Auslauf zu halten, es wäre nur zweckmäßig, sie im Stall getrennt unterzubringen, denn die Lebensweisen sind doch zu verschieden. Während Legehennen z. B. in den Herbst- und Wintermonaten beleuchtet werden sollten, damit sie Eier legen, erübrigt sich das für Wassergeflügel. Für Hühner ist eine Tiefstreu, die möglichst selten erneuert wird, geeignet, dagegen muss die Einstreu für Enten und Gänse oft nachgestreut und gewechselt werden. Dies sind nur einige Gesichtspunkte, die bei der Planung berücksichtigt werden müssen.

Die Umwelt hat einen entscheidenden Einfluss auf die Gesundheit und Leistungsfähigkeit der Tiere. Deshalb sind Kenntnisse über die Gestaltung

Ein schöner, wildfarbener Erpel.

Personen, die sich für ihre Tiere verantwortlich fühlen.

Es gehört einige Sachkenntnis des Geflügelhalters dazu, seine Tiere optimal zu halten. Er muss über den Körperbau und die Lebensfunktionen der Tiere, über sachgerechte Fütterung und zweckmäßige Ställe und Weidepflege etwas wissen.

Für die Betreuung sollte genügend Zeit zur Verfügung stehen, um Störungen oder gemachte Fehler rechtzeitig erkennen und Abhilfe schaffen zu können. Im Laufe der Zeit wird der Geflügelhalter eine Reihe von Erfahrungen sammeln können, und vieles wird zur Selbstverständlichkeit und Routine. Aber er lernt nie aus, zu dieser Erkenntnis wird er bald gelangen.

Die Produkte aus der Geflügelhaltung, Eier und Fleisch, sind Nahrungsmittel, die den modernen Ernährungswünschen entgegenkommen, weil sie vielseitig verwendbar und eiweißreich, aber kalorienarm sind.

Soll die Geflügelhaltung nur zur eigenen Freude am Tier dienen, wird sie doch auch hin und wieder zur Bereicherung des eigenen Speisezettels beitragen können, ganz gleich ob es sich um Legehennen, Gänse oder Enten handelt. Gerade Erzeugnisse aus Geflügelhaltungen, in denen sich die Tiere, wenigstens zeitweise, im Auslauf aufhalten können, erscheinen manchem Verbraucher begehrenswert. Bei einigem Geschick kann sich der Geflügelhalter deshalb auch bei kleinen Tierzahlen durchaus eine Rendite ausrechnen.

des Lebensraumes und über die Eigenarten von Hühnern, Gänsen und Enten Voraussetzungen für den Erfolg und für das Wohlbefinden der Tiere.

Jeder Tierhalter ist nach dem Tierschutzgesetz verpflichtet, den Tieren eine artgerechte Umwelt zu schaffen, in der sie sich auch wohlfühlen können und ihnen angemessene, artgerechte Nahrung und Pflege sowie eine verhaltensgerechte Unterkunft zu gewähren.

Den Tieren dürfen keine Schmerzen, Leiden und Schäden zugefügt werden.

Die Geflügelhaltung erfordert ebenso wie jede andere Tierhaltung

Herkunft des Geflügels und Geflügelrassen

Hühner

Die Domestikation der Wildhühner, also ihre Zähmung und Nutzbarmachung, reicht bis in die früheste Kulturgeschichte der Menschheit zurück.

Entstehung der Haushuhnrassen

Man nimmt an, dass die Stammeltern unserer heutigen Haushuhnrassen die Dschungelhühner aus China, Indien und den malaiischen Inseln sind. Dort leben heute noch in ihrer ursprünglichen Form das Bankiva-, das Sonnerat-, das Lafayette- und das Gabelschwanzhuhn.

Das bekannteste Wildhuhn ist das Bankivahuhn, das als Grundlage aller Haushuhnarten angesehen wird. Schon vor rund 3000 Jahren wurde es im asiatischen Raum domestiziert und von dort im Laufe der Jahrtausende über die ganze Welt verbreitet.

Aus dem 5. und 4. Jahrhundert v. Chr. liegen Beschreibungen von verschiedenen Schriftstellern über Hühner, Hühnerrassen und deren Lebensweise vor. Von den Ägyptern ist bekannt, dass sie schon etwa 500 v. Chr. die künstliche Brut von Hühnereiern betrieben haben. Als die Römer die Herrschaft über die Mittelmeerländer, Vorderasien und Nordafrika ausdehnten, brachten sie aus den unterworfenen Ländern neue Hühnerrassen mit, aus denen sie mit den schon einheimischen Hühnern neue Schläge und Rassen züchteten.

Durch die Römer erfuhren sie eine weitere Verbreitung nach Westen und Norden, also auch in das Gebiet des heutigen Deutschland. Hier war zwar schon Geflügel vorhanden, das vorher aus Asien und Südeuropa gekommen war, es wurde nun aber durch die neuen Rassen veredelt.

Im Mittelalter war es in Deutschland Brauch, Zins und Abgaben an die Kirchen, Klöster und Herren in Naturalien, also auch in Eiern, Hühnern und anderem Geflügel zu entrichten. Auf jedem Hof im Dorf wurde daher Geflügel gehalten.

Zu großen Festen, zum Beispiel zu fürstlichen Hochzeiten, wurden oft hunderte Hühner und anderes Geflügel für ein Festmahl geschlachtet.

Ein Ende dieser blühenden Geflügelzucht und -haltung brachte der Dreißigjährige Krieg. Erst Mitte des 19. Jahrhunderts nahm die Geflügelzucht einen neuen Aufschwung, als die ersten asiatischen Hühner nach Europa kamen und großes Aufsehen durch ihre Körpergröße und -fülle hervorriefen.

Rassegeflügel

Neugegründete Vereine befassten sich mit der Züchtung verschiedener Rassen und Farbenschläge. Die Rassegeflügelzucht blühte auf.

Grundsätzlich unterscheidet man zwei Zuchtrichtungen von Hühnern: einmal den leichten Typ, auch Mittelmeerrassen genannt, zum anderen den schweren Typ oder die asiatischen Rassen. Innerhalb dieser Gruppen gibt es viele Rassen und Farbenschläge und vor allem auch Züchtungen, die aus Kreuzungen hervorgegangen sind. Die heutigen modernen Hybriden sind ebenfalls durch Kreuzung verschiedener Rassen herausgezüchtet worden.

Mittelmeerrassen

Merkmale der Mittelmeerrassen sind leichte, bewegliche Tiere mit eng anliegendem Gefieder und weißen Ohrscheiben. Die Eierschalen sind weiß oder cremefarben. Die bekanntesten Vertreter sind die weißen Leghorn und die rebhuhnfarbigen Italiener.

Asiatische Rassen

Merkmale der asiatischen Rassen sind schwerer Körperbau, oftmals lockeres Gefieder und rote Ohrscheiben; sie legen braunschalige Eier. Als Wirtschaftsrassen sind Hampshire, Rhodeländer und Wyandotten am bekanntesten.

Hybriden

In der heutigen Wirtschaftsgeflügelhaltung werden vornehmlich Hybriden verschiedener Herkünfte gehalten, denn ihre Lege- bzw. Mastleistungen sind mit herkömmlichen Rassehühnern nicht zu erreichen. Für die Boden- und Auslaufhaltung eignen sich die braunen Legehennen-Herkünfte am besten. In der Regel sind sie ruhig und zutraulich und weniger schreckhaft als die weißen. Für Mastzwecke gibt es spezielle Masthybriden, die sich durch gutes Wachstum und reichen Fleischansatz auszeichnen.

Eine gute, mit frischem Grün bewachsene Weide ist ein idealer Auslauf.

Wer aber Freude an farbenprächtigen Hühnern hat, und ihre Wirtschaftlichkeit nicht in den Vordergrund stellt, kann durchaus Rassehühner halten und auch mit ihnen einen Gewinn erzielen.

Gänse

Sehr früh begann der Mensch auch mit der Domestikation der Gans. Sie vollzog sich schon vor 3000 bis 4000 Jahren. Die Stammform unserer Hausgans ist die wilde Graugans. Der Beginn der Haustierwerdung hat sich wohl in Europa und hier besonders in den wasserreichen Gebieten, wie Friesland und Osteuropa, vollzogen.

Die Geschichte erzählt manche Begebenheiten von Gänsen. So berichtet Plinius im ersten Jahrhundert nach Christus, dass große Gänseherden vom Niederrhein und von Belgien über die Alpen nach Rom getrieben worden seien, wegen ihrer wohlschmeckenden

Lebern und der begehrten weißen Federn.

Die durch Domestikation und Züchtung aus der Wildgans hervorgegangene Hausgans kommt heute in vielen Rassen und Landschlägen vor. Man unterteilt in schwere und leichte Rassen.

Zu den schweren Rassen zählen: Toulouser Gans, Emdener Gans und Pommersche Gans. Als Vertreter der leichten Rassen und Schläge gelten: Diepholzer Gans, Celler Gans, Lippe Gans und andere Landschläge.

Die Höckergans wurde in China aus der sibirischen Schwanengans gezüchtet. Sie zeichnet sich durch einen Schnabelhöcker, längeren Hals und aufrechte Haltung aus. Charakteristisch ist der deutliche Aalstrich vom Kopf über den Hinterhals.

Enten

Die Stammform der heutigen Hausente ist die Stockente. Als Haustier ist die Ente in Europa noch jung. Griechen und Römer hielten sie aber schon in mehr oder weniger halbwildem Zustand.

Die wilde Moschusente ist die Stammform unserer Warzenente und ist in Lateinamerika beheimatet. Sie gehört einer anderen Art an als die Hausente. Sie zeigt ein nacktes, warziges Gesicht und ist fast stumm, nur der Erpel gibt bei Erregung ein leises, blasendes Fauchen von sich, das abgehackt klingt und durch ruckartige Bewegungen des Kopfes unterstrichen wird.

Die Moschusente wurde bereits von indianischen Naturvölkern Südamerikas domestiziert und dann von den Spaniern nach Europa gebracht. Erst im 18. Jahrhundert gelangte diese Entenart nach Deutschland.

Gerade die Warzenenten, auch Barbarie- oder Moschusenten genannt, erfreuen sich zunehmender Beliebtheit, weil sie sehr wohlschmeckend sind und wenig Neigung zu Fettansatz haben. Ihre Zucht und Haltung ist fast problemlos.

Lebensweisen und Körperfunktionen

Körperbau und Sinnesorgane

Der Körperbau und die Lebensweisen des Geflügels zeigen im Gegensatz zu anderen Tierarten einige Besonderheiten. Vögel, zu denen auch unser Hausgeflügel gehört, besitzen lediglich zwei Beine, dafür haben sie jedoch zwei Flügel, mit deren Hilfe sie sich je nach Art und Rasse mehr oder weniger gut in die Luft erheben und fliegen können.

Körperbau

Entsprechend ist der Körperbau der Vögel ausgerichtet. Die Knochen sind leicht und der Verdauungstrakt ist kurz.

Wassergeflügel besitzt außerdem zwischen den Zehen Schwimmhäute, um sich auch im Wasser gut fortbewegen zu können.

Geflügel hat einen schnellen Puls. Mit 240 bis 340 Schlägen in der Minute beim Huhn und 190 bis 240 bei der Ente übertrifft er um ein Mehrfaches den der Säuger.

In einem großen Auslauf finden Wassergeflügel und Hühner genügend Raum.

Auch die Körperwärme ist im Vergleich zu Säugetieren hoch. Das Huhn hat eine Temperatur von 41,6 °C, die Gans von 40,6 °C und die Ente von 41,1 °C.

Eine Besonderheit stellen auch die zahlreichen Halswirbel dar. Beim Huhn und bei der Ente sind es 14, bei der Gans sogar 17 Wirbel. Sie ermöglichen den Tieren, den Kopf nach allen Seiten zu drehen, ein Ausgleich für die zur Seite gerichteten Augen.

Sinnesorgane

Das Auge ist das vorherrschende Sinnesorgan beim Hausgeflügel. Hühner sehen im günstigsten Fall bis zu 50 m Entfernung, Gänse bis zu 120 m und Enten 70 bis 80 m weit.

Auf Farben reagiert Geflügel anders als der Mensch. Die verschiedenen Helligkeiten bedeuten ihm mehr als Farben. Rotgelb erscheint dem Huhn am hellsten, und zwar drei- bis viermal so hell wie dem menschlichen Auge. Dann folgt die Farbe Gelb.

Vögeln, also auch dem Hausgeflügel, fehlt das äußere Ohr, die Ohrmuschel. Der Gehörgang ist durch Federchen geschützt, die sich am Rande der Ohröffnung befinden. Hühner hören Lockrufe aus 50 m Entfernung, das gleiche gilt für Gänse und Enten.

Der Geruchssinn ist beim Hausgeflügel nur schwach entwickelt. Am leistungsfähigsten sind in dieser Hinsicht Enten.

Auch der Geschmackssinn ist nur wenig ausgeprägt. Alle Geflügelarten können aber salzig, bitter, süss und sauer unterscheiden. Körnerfresser sind gegen Bitterstoffe ziemlich unempfindlich. Das Huhn schätzt „süss"

nicht, es scheint dagegen leichte Säuerung als angenehm zu empfinden.

Ganz eindeutig wird auch frisches, sauberes Trinkwasser vom Geflügel bevorzugt.

Das Gefieder

Der Körper wird gegen Witterungseinflüsse durch Federn geschützt. Das Gefieder besteht aus Deck- oder Konturfedern und aus Flaum- und Fadenfedern. Den Hauptteil bilden die Deckfedern, die Schutz gegen die Witterung bieten. Die Flaumfedern, bei Gänsen und Enten auch Daunen genannt, sind weiche Federn, die unter den Deckfedern direkt am Körper liegen und als Isolierschicht dienen.

Die Mauser

Das Federkleid unterliegt durch Legeleistung, Brut und Witterung starker Abnutzung. Bei erwachsenen Vögeln wird es jährlich einmal in den Herbstmonaten gewechselt. Diesen Vorgang nennt man Mauser. Er ist dem Haarwechsel der Säugetiere vergleichbar. Im Durchschnitt dauert der Federwechsel zwei bis drei Monate, ist aber individuell unterschiedlich. Gute Hennen mausern schnell, schlechte brauchen dagegen mehr Zeit.

Außer der jährlichen Vollmauser gibt es die Teil- oder Halsmauser.

Eine junge Henne, die vor Gesundheit strotzt und ein schönes, glattes Gefieder zeigt.

Diese ist vor allem bei frühreifen Legehennen zu beobachten, wenn sie nach
kurzer Legetätigkeit eine Erholungs-
pause einlegen.

Beim Wassergeflügel kennen wir
eine Sommer- und Herbstmauser.

Die Mauser stellt besonders hohe
Anforderungen an den Organismus
des Vogels und ist damit auch eine
Zeit verminderter Leistung und erhöh-
ter Anfälligkeit für Krankheiten. Die
Tiere brauchen in dieser Zeit beson-
ders gute Pflege und energiereiches
Futter.

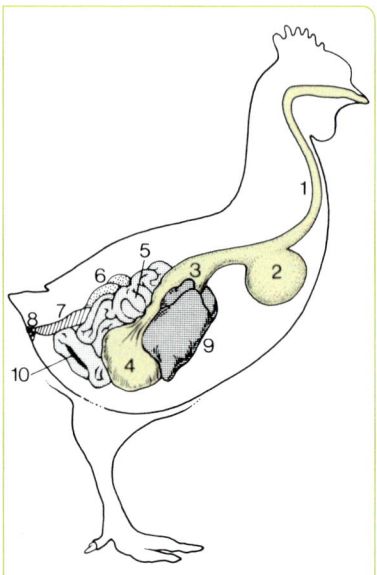

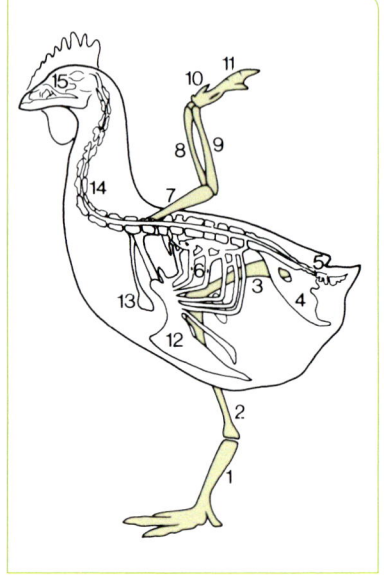

Verdauungsorgane: 1 Speiseröhre, 2 Kropf, 3 Drüsenmagen, 4 Muskelmagen, 5 Dünndarm, 6 Blinddärme, 7 Dickdarm, 8 Kloake, 9 Leber, 10 Bauchspeicheldrüse.

Skelett des Vogels: 1 Lauf (Zehenknochen), 2 Unterschenkelknochen, 3 Oberschenkelknochen, 4 Becken, 5 Steißbein, 6 Rippen, 7 Oberarmknochen, 8 Speiche, 9 Elle, 10 Mittelhandknochen, 11 Fingerknochen, 12 Brustbein, 13 Schlüsselbein, 14 Wirbelsäule, 15 Schädel.

Anzeichen für Wohlbefinden

Gesundes Geflügel wirkt lebhaft und zeigt ein glattes Gefieder. Nach einigen Monaten Legetätigkeit beziehungsweise Brut nutzen sich die Federn allerdings ab, und das Federkleid wird rau. Trotzdem zeigen legende Hennen einen schönen roten Kamm und Kehllappen. Am Gesamteindruck lässt sich für den Kenner der Gesundheits- und Leistungsstand der Tiere gut ablesen.

Die Verdauung

Der Verdauungsvorgang der Vögel ist darauf abgestellt, in möglichst kurzer Zeit die benötigte Futtermenge zu verarbeiten, damit der Körper beim Flug nicht zu lange und zu stark belastet wird. Das setzt energiereiche und vor allem leichtverdauliche Futtermittel voraus.

Charakteristisch für den Vogel ist das Fehlen der Zähne zur Zerkleinerung des Futters. Der Kropf dient als Futterspeicher, er reguliert die Weitergabe des Futters an den Drüsen- und Muskelmagen. Der Kropf ist bei Hühnern eine Ausstülpung der Speiseröhre, beim Wassergeflügel hat er die Form einer langgestreckten, spindelförmigen Erweiterung. Der Drüsenmagen ist dem Muskelmagen vorgelagert, hier werden dem Futter Pepsin und Salzsäure zur Aufschließung der Futterstoffe zugesetzt. Dem Muskelmagen obliegt die mechanische Zerkleinerung des Futters. Die Magenbewegungen wiederholen sich je nach Beschaffenheit des Futters etwa alle 20 bis 30 Sekunden. Bei Auslaufhaltung oder Gritzufütterung übernehmen kleine Steinchen, die sich im Magen befinden, die Funktion der fehlenden Zähne bei der Zerkleinerung des Futters. Die Steinchen bleiben im Magen, sie gehen nicht mit dem Futterbrei in den Darm ab.

Der eigentliche Darm ist im Vergleich zu dem anderer Tierarten kurz.

Das Geflügel kann deshalb nur rohfaserarmes Futter verarbeiten. Das Futter wird im Dünndarm durch Fermente und Sekrete in aufnehmbare Nährstoffe zerlegt und diese werden von den Zotten der Darmwände dem Blut zugeführt. Eine Besonderheit sind die paarweise angelegten Blinddärme an der Übergangsstelle vom Dünndarm zum Dickdarm, in denen durch Gärungsvorgänge Rohfaser aufgeschlossen wird. Nur ein Teil des Verdauungsbreies geht durch die Blinddärme. Auf acht bis zehn gewöhnliche Darmentleerungen erfolgt eine aus den Blinddärmen. Der Blinddarmkot ist übelriechend und von gelbbrauner Farbe. Der übrige Kot ist graugrünlich gefärbt und mit einer weißen Schicht, dem Urin, überzogen, der vom Geflügel nicht gesondert als Flüssigkeit abgegeben wird. Der Enddarm ist sehr kurz, er dient zur Ansammlung des Kotes. Von hier aus erfolgt die Entleerung durch die Kloake. Hier münden auch die Harn- und Geschlechtskanäle, bei Hennen der Eileiter, bei Hähnen die Samenleiter.

Der Legevorgang

Die weiblichen Geschlechtsorgane sind paarweise angelegt, jedoch sind beim Geflügel der rechte Eierstock und der rechte Eileiter vollständig verkümmert. Der aktive Eierstock liegt zwischen der linken Niere und dem linken Lungenflügel. Im Eierstock, der während der Produktionsphase ein traubenähnliches Aussehen hat, reifen die Eifollikel, die auch Dotterbläschen genannt werden, heran, bis sie die Größe eines normalen Dotters erreichen. Die Dotterbläschen sind unterschiedlich groß, sodass eines nach dem anderen reif wird, und die Follikelhaut es frei gibt (Follikelsprung). Die fertige Dotterkugel gleitet durch den Trichter in den oberen Teil des Ei-

Das Verhältnis von Körper- zu Darmlänge im Vergleich bei einigen Nutztieren			
Rind	1 : 30	Gans	1 : 11
Schwein	1 : 25	Ente	1 : 10
Pferd	1 : 15	Huhn	1 : 8

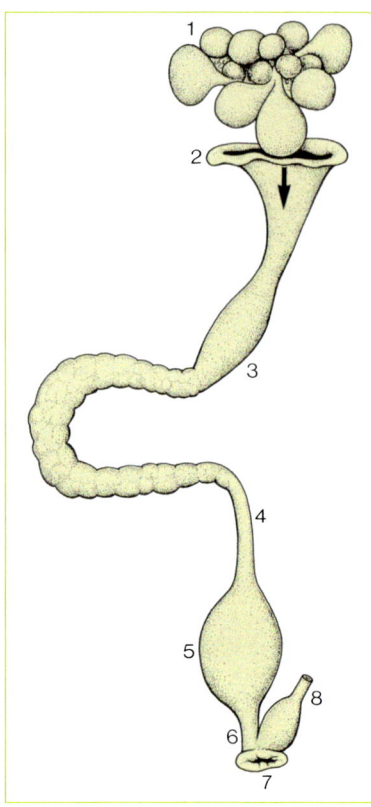

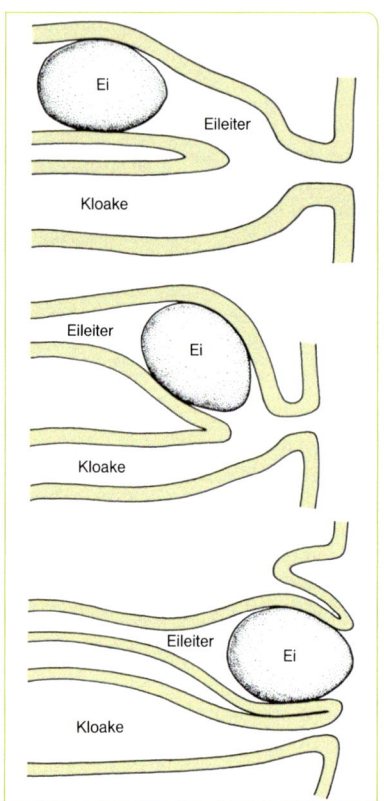

Entstehung des Eies. 1 Eierstock mit Eifollikeln, 2 Eileitertrichter (etwa 9 cm lang), 3 Haupt- oder Eiweißteil (etwa 32 cm lang), 4 Engpass oder Isthmus (etwa 10 cm lang), 5 Eihalter (etwa 10 cm lang), 6 Scheide, 7 Kloake, 8 Enddarm.

Der Legevorgang: Das fertige Ei verlässt den Hennenkörper, indem sich der Eileiter nach außen stülpt. Dadurch wird das Ei nicht mit Kot verunreinigt.

leiters. Hier erfolgt die Befruchtung, wenn ein Tretakt stattgefunden hat. Die Spermien bleiben längere Zeit im Eileiter befruchtungsfähig (bei der Henne 10 bis 21 Tage, bei Ente und Gans 8 bis 10 Tage).

Im Hauptteil des Eileiters befinden sich Drüsen, die die Dotterkugel mit Eiklar umgeben. Zuerst legt sich eine etwas dickflüssigere Eiweißschicht um den Dotter, außen herum eine dünnflüssigere. Nach zwei bis drei Stunden

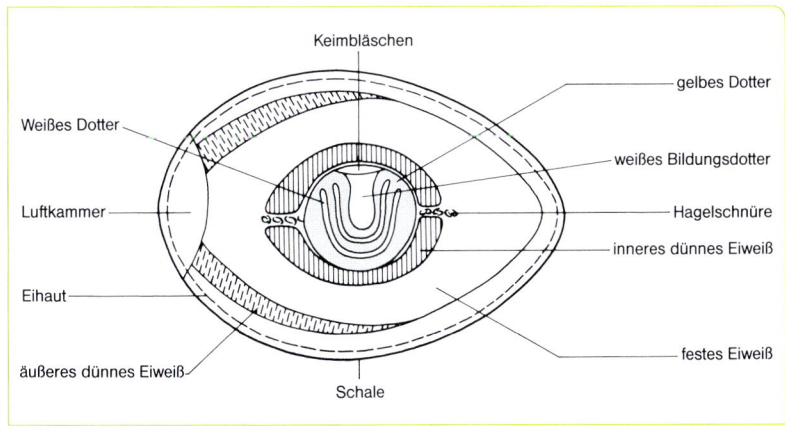

Keimbläschen
gelbes Dotter
Weißes Dotter
weißes Bildungsdotter
Luftkammer
Hagelschnüre
inneres dünnes Eiweiß
Eihaut
festes Eiweiß
äußeres dünnes Eiweiß
Schale

Der Aufbau des Eies.

verlässt das Ei den Hauptteil und kommt in den Engpass (Isthmus). Hier wird es mit einer zweischichtigen Schalenhaut umgeben, zwischen ihren beiden Schichten bildet sich am stumpfen Ende die Luftkammer, von deren Größe man später auf das Alter des Eies Rückschlüsse ziehen kann. Die Aufenthaltsdauer im Engpass beträgt etwa eine Stunde. Im nächsten Abschnitt des Eileiters, dem Eihalter, wird durch Kalkabsonderung der Drüsen die Eischale gebildet. Kurz vor dem Legen erhält das Ei die Farbe und den Glanz.

Für die Bildung des Eies vom Follikelsprung bis zur Eiablage vergehen etwa 18 bis 24 Stunden.

Der Eierstock und damit die Legetätigkeit wird von Hormonen gesteuert, die ihrerseits von der Umwelt über die Hirnanhangdrüse beeinflussbar sind, wie durch Lichtintensität, Lichtdauer, Umgebungstemperatur oder Erregung. Diesen Umstand machen sich die Geflügelhalter zunutze.

Luftkammer-Messer
in Millimetern
gemäß Verordnung (EWG) Nr. 1619/68
über Vermarktungsnormen für Eier

0 — 0
5 — 5
10 — 10
15 — 15

Luftkammer-Messer zum Bestimmen der Luftblasengröße beim Hühnerei.

Die Hauptbestandteile des Eies

	Huhn	Gans	Ente
Dotter	19 g	57,3 g	25,3 g
Eiklar	33 g	83,1 g	37,9 g
Schale	6 g	20,6 g	7,2 g
Gewicht	**58 g**	**161,0 g**	**70,4 g**

Das Ei

Die Hauptbestandteile des Eies sind Dotter, Eiklar und Schale. Die anteilmäßige Zusammensetzung der Bestandteile ist in der Tabelle rechts dargestellt. Ähnlich ist das Verhältnis bei Gänse- und Enteneiern.

Braune und weiße Eier

Die Farbe der Eischale hat auf die Qualität des Eiinhalts und den Geschmack keinen Einfluss. Viele Verbraucher bevorzugen braune Eier, weil sie annehmen, braungetönte Eier wären nahrhafter. Das ist ein Irrtum, aber bekanntlich isst das Auge mit.

Geschmack

Am wohlschmeckendsten sind Eier fünf bis sieben Tage nach dem Legen, erst dann hat sich der typische Eigeschmack ausgebildet. Das setzt aber eine einwandfreie Aufbewahrung voraus. Eier nehmen leicht einen fremden Geschmack an, wenn sie mit intensiv riechenden Gegenständen zusammen gelagert werden.

Aufbewahrung

Eier sollten möglichst kühl, bei 8 bis 10 °C, aufbewahrt werden, um sie lange frisch zu erhalten. Bei höheren Temperaturen verdunstet durch die poröse Schale Wasser aus dem Inneren, und die Luftblase am stumpfen Ende des Eies wird größer. Die Lagerung bewirkt also ein schnelles oder langsames „Altern" der Eier, das nicht absolut in Tagen oder Wochen ausge-

Zusammensetzung des Hühnereies				
	Ei mit Schale		Ei ohne Schale	
	in g	in %	in g	in %
Wasser	38,1	65,6	38,0	73,6
Eiweiß	7,9	12,1	6,6	12,8
Fett	6,1	10,5	6,1	11,8
Kohlenhydrate	0,5	0,9	0,5	1,0
Mineralien	6,3	10,9	0,4	0,8
Gewicht	**58,9**		**51,6**	

drückt werden kann. Eier mit kleiner Luftblase sind frisch, mit großer Luftblase alt.

Frisch oder alt

Das Alter der Eier kann auch ohne Luftkammer-Messer festgestellt werden. Legt man Eier in ein Gefäß mit Wasser, so liegen die frischen Eier auf dem Boden, die älteren stehen mehr oder weniger senkrecht mit dem stumpfen Ende nach oben im Wasser. Alte Eier schwimmen senkrecht.

Auch beim Aufschlagen ist die Frische leicht zu erkennen. Bleibt das Eiinnere dicht zusammen mit schön gewölbtem Dotter, ist es ein frisches Ei, fließt das Eiweiß aber auseinander und ist die Dotterkugel flach, handelt es sich um ein altes Ei. Zwischen „frisch" und „alt" gibt es natürlich auch mittlere Stadien.

Der Geflügelstall

Für eine artgerechte und gesunde Geflügelhaltung ist ein besonderer Stall unbedingt notwendig. Primitive Verschläge ohne Licht und genügend frische Luft erfüllen ihren Zweck nicht. Auch eine Auslaufmöglichkeit kann den Mangel nicht beheben. Ein Stall, der entsprechend eingerichtet ist, gut zu be- und entlüften, jedoch zugfrei, ermöglicht eine ganzjährige, gleichbleibend gute Legeleistung. Eine gute und trockene Tiefstreu und gleichzeitig vollwertige Fütterung kann den Auslauf ersetzen und bietet den Tieren gleichbleibende Lebensbedingungen. Zieht man aber die Auslaufhaltung vor, so werden an den Stall trotzdem die gleichen Anforderungen gestellt. Zumindest ist es ratsam, die Tiere im Winter bei nassem und kaltem Wetter im Stall zu behalten und für ein gesundes Stallklima zu sorgen.

Bauweise und Einrichtung

In vielen Fällen sind geeignete Räume vorhanden, die sich durch Um- oder Einbau zu Geflügelställen herrichten lassen. Die Größe des Stalles hängt von der Zahl und Größe der zu haltenden Tiere ab. Dies ist auch bei einem Neubau zu berücksichtigen. Man rechnet pro m^2 Stallfläche bei Bodenhaltung:

4–5 Legehennen
8–10 Junghennen
4–5 Enten
1–2 Gänse.

Auch der Luftraum ist wichtig: bei zu hohen oder zu niedrigen Ställen ist ein gutes Stallklima nicht gewährleistet. Zu hohe Ställe werden im Winter zu kalt, sie kosten Geld durch erhöhten Futterverbrauch, verminderte Leistung, Krankheit oder zusätzliche Heizung. Zu niedrige Ställe werden schnell feucht und leisten durch feuchte und verkrustete Einstreu ebenfalls Krankheiten und Legeabfall Vorschub. Als Mittelwert kann bei Bodenhaltung eine Höhe von 2,50 bis 2,80 m empfohlen werden.

Bei Neubauten steht zunächst die Wahl des geeigneten Platzes an. Der neue Stall sollte nicht zu weit vom Haus oder Hof entfernt und möglichst gut zu erreichen sein. Das Futter sollte bequem dorthin gefahren werden können und andererseits müssen Tiere und Eier, und beim Saubermachen Kot und Einstreu leicht abtransportiert werden können. Wenn der geeignete Platz gefunden ist, möglichst auch mit Auslaufmöglichkeit, kann der Bau beginnen.

Fundament

Alle Massivställe müssen einen festen Unterbau erhalten, der ein Verwerfen und Absacken verhindert. Das Fun-

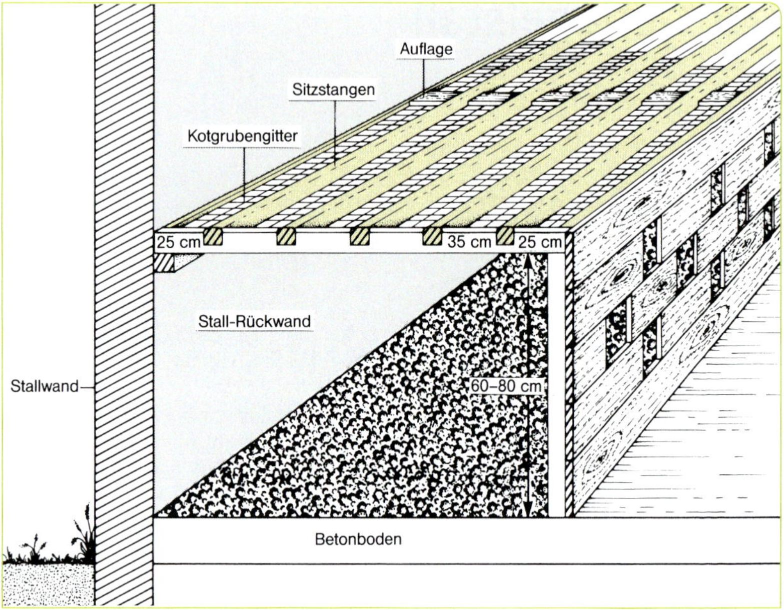

Die Kotgrube ist vorn durch Bretter abgeschlossen. Zwischen den Brettern sollten Schlitze für die Luftzirkulation bleiben.

dament hat die Aufgabe, dem darauf ruhenden Gebäude eine feste, waagerechte Auflage zu bieten. Gleichzeitig soll hierdurch auch das Eindringen von Ratten und Mäusen verhindert werden. Die Seitenwände werden so darauf gesetzt, dass bei massiven Steinwänden der Putz und bei Holzbauten die Verschalung über das Fundament nach außen ragen. Dadurch soll verhindert werden, dass ablaufendes Regenwasser zwischen Seitenwände und Fundament eindringen kann.

Wände

Die Stallwände können aus den verschiedensten Baumaterialien bestehen, wie Ziegel oder Hohlblocksteine, auch Holz oder Aluminium oder andere Leichtbaumaterialien. Jedenfalls müssen die raumumschließenden Bauteile dem Wärmedurchgang den größtmöglichen Widerstand entgegensetzen, damit die von den Tieren erzeugte Wärme der Stallerwärmung zugute kommt. Reicht die Wärmeabgabe der Tiere aus, um den Wärmeverlust durch Wände und Decke zu ersetzen und die Zuluft ausreichend zu erwärmen, ist der Wärmehaushalt ausgeg-

Gänse stellen keine hohen Ansprüche an Stall und Auslauf.

lichen. Reicht sie nicht aus, ist eine zusätzliche Beheizung des Stalles zu empfehlen. In der Bodenhaltung kann man davon ausgehen, dass zumindest im Winter die Wärmeabgabe der Tiere, bedingt durch eine zu schwache Besetzung des Stalles nicht ausreichend ist.

Besonders wichtig ist die Wärmeisolierung der Stalldecke. Gerade dort ist der Temperaturunterschied zwischen Stall- und Außenluft besonders groß. Bei schlechter Isolierung entsteht an kalten Tagen Schwitzwasser an der Decke, während im Sommer die Hitze nicht abgehalten wird. Dies gilt sowohl für Neubauten als auch für Um- und Einbauten in vorhandene Gebäude.

Wärmedämmwert

Die Wärmedurchgangszahl wird mit dem k-Wert ausgedrückt und gibt die Wärmemenge in Kalorien an, die in einer Stunde bei einem Temperaturunterschied zwischen Innen- und Außenluft von 1 °C durch 1 m² Wand- oder Deckenfläche hindurchgeht. Je besser die Isolierung, desto niedriger ist der k-Wert. In der Praxis hat sich bewährt, für die Isolation einen Wärmedämmwert von 0,7 bis 0,5 k anzustreben. Dieser Wärmedämmwert entspricht einer 85 bis 120 cm dicken Vollziegelmauer.

Unterschiedliche Bauelemente haben sehr verschiedene k-Werte. Um im Stallbau zu befriedigenden Lösungen zu kommen, ohne meterdicke Mauern errichten zu müssen, bietet sich die Kombination mehrerer Baumaterialien an, wie zum Beispiel Sandwichplatten, die außen aus Eternit, in der Mitte aus Styropor und an der Innenseite aus Internit bestehen. Sie gewährleisten einen warmen und trockenen Stallraum.

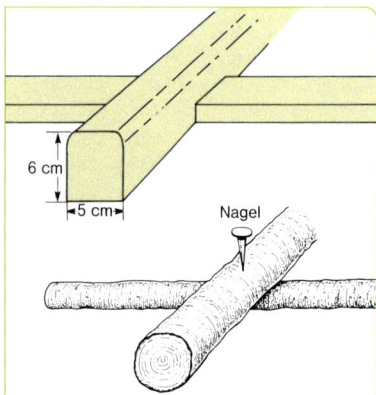

Oben: Richtige Sitzstange, lose aufgelegt. Die untere Teilzeichnung zeigt eine ungeeignete runde, angenagelte Sitzstange.

Runder Futterautomat für Lege- und Aufzuchtfutter.

Fenster

Aus wärmetechnischen Gründen ist man von großen Fensterflächen abgekommen, häufig verzichtet man ganz darauf. Fenster sind fast nie dicht und Zugluft schadet den Tieren.

Will man trotzdem Tageslicht in den Stall bringen, reichen kleine Fenster. Der Mangel an natürlichem Licht kann durch eine elektrische Lichtversorgung ausgeglichen und mit einer Schaltuhr gut gesteuert werden (s. Lichtprogramm Seite 46).

Boden

Das Innere des Stalles sollte einen festen Boden haben, der Schutz gegen aufsteigende Feuchtigkeit, Kälte und Fuchs oder Marder bietet. Zum Reinigen und Desinfizieren eignen sich am besten Betonfußböden mit glatter Oberfläche. Eine leichte Neigung erleichtert beim gründlichen Reinigen und Desinfizieren den Wasserablauf.

Kotgrube

Die Hälfte bis zwei Drittel des Stallbodens sollte als so genannte Kotgrube oder Kotkasten genutzt werden. Der Raum wird durch Draht, Bohlen oder Lochziegelmauerwerk nach vorn abgegrenzt und oben mit einem Kotgrubengitter (2,5–5 cm Geflechtgröße) abgedeckt. Das Drahtgitter ist über einen Holzrahmen gespannt, der abnehmbar auf ein Kantholz aufgelegt wird. Darauf befinden sich die Sitzstangen, auf denen die Tiere nachts schlafen. So gelangt der Nachtkot in den Kotkasten und die Tiere kommen mit ihm nicht in Berührung. Es ist sinnvoll, auch Futter- und Trinkgefäße darauf unterzubringen, dann halten sich die Tiere auch tagsüber zeitweise dort auf. Die Kotgrube sollte eine

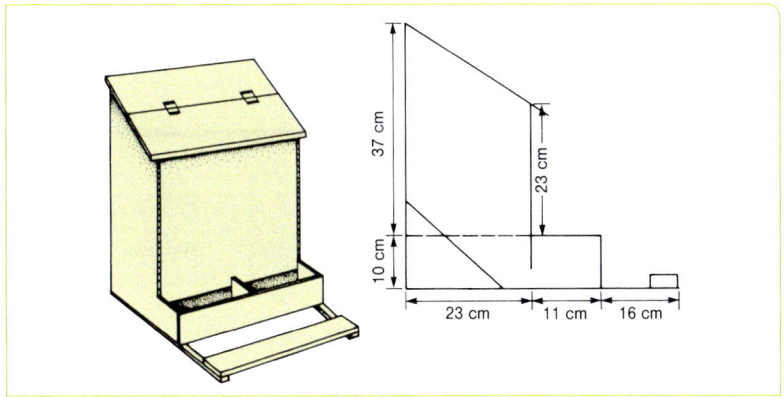

Futterautomat für Grit und Muschelschalen. Er wird an die Wand gehängt oder erhöht an der Wand aufgestellt.

Höhe von 60 bis 80 cm haben. Da sie nur einmal im Jahr entleert wird, ist diese Höhe notwendig. Ammoniakbildung kann man durch Überstreuen von Stallsuperphosphat unterbinden (50 g je m^2 täglich).

Sitzstangen

Sie sollen eine Breite von 5 cm und eine Höhe von 6 cm haben. Die oberen Kanten müssen abgerundet sein, damit die Hennen bequem ihre Zehen darauf legen können. Zu schmale Stangen können wunde Füße verursachen. Die Stangen brauchen eine feste und sichere Auflage, am besten sind Kerben in den Querhölzern. Niemals sollten die Stangen angenagelt werden, denn die Auflagestellen sind Schlupfwinkel für Parasiten und müssen zum Reinigen zugänglich sein.

Je laufender Meter Sitzstange rechnet man 5 bis 6 Hennen leichter Rassen, 4 bis 5 mittelschwerer Rassen oder 6 bis 7 Junghennen. Der Abstand von Stange zu Stange soll 30 bis 35 cm betragen, von der Stallwand zur hintersten Sitzstange 25 cm, wie auch vorn zum Kotkastenrand 25 cm.

Futtergefäße

Als Futtergefäße eignen sich sowohl Tröge als auch Futterautomaten. Automaten haben den Vorteil, dass Futter für einige Tage eingefüllt werden kann, und die Tiere sich nach Belieben bedienen können. Allerdings ist darauf zu achten, dass das Futter wirklich nachrutscht. Mehlfutter staut sich leicht und kann durch Rütteln des Futterautomaten wieder in Gang gesetzt werden. Pelletiertes Futter rutscht gut nach, dabei ist es wichtig, den Futterpegel niedrig einzustellen, um ein Vergeuden des Futters zu verhindern. Auch bei Trögen ist dies zu

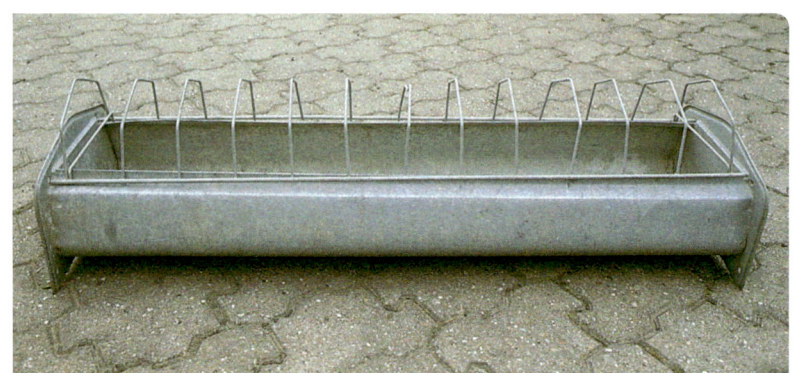

Dieser Futtertrog ist für ausgewachsene Hühner, Gänse und Enten geeignet.
Er sollte der Größe der Tiere entsprechend durch Höherstellen angepasst werden.

Ein einfacher offener Holztrog, aus einigen Brettern hergestellt, tut gute Dienste bei jungen Tieren. Besonders eignet er sich für Weichfuttergaben.

beachten. Sie sollten am besten nur zu einem Drittel gefüllt, niemals aber mehr als halbvoll gemacht werden. Gerade weil die Futterkosten hoch sind, ist ein Vergeuden von Futter teuer.

Man rechnet auf einen Rundautomaten 40 bis 50 Hennen. Bei geraden Trögen sollten jedem Tier 10 bis 12 cm zur Verfügung stehen, weil hier die Hennen nebeneinander stehen und die Breite der Tiere zu berücksichtigen ist. Bei runden Trögen stehen sie dagegen sternförmig um den Trog und benötigen nicht so viel Platz. Zu wenig Platz am Futter- oder Trinkgefäß führt zur Unausgeglichenheit der Herde, zu Anfälligkeit und schlechter Leistung. Auch die sozial schwächeren Tiere (Pickordnung) müssen genügend Gelegenheit zur Futter- und Wasseraufnahme erhalten.

Für Grit oder Muschelschalen benötigt man ein kleines Gefäß.

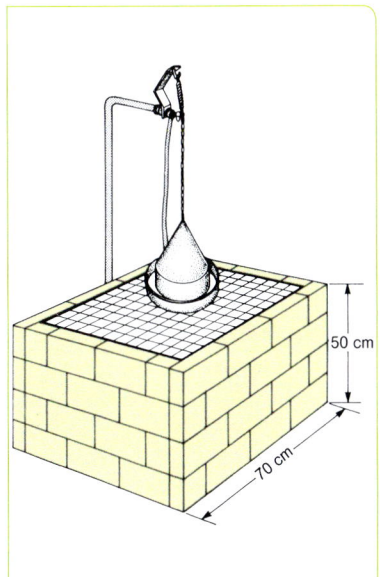

Automatische Tränke über einem gemauer-
ten Sickerschacht.

Übereinander angeordnete Einzelnester
(Querschnitt) mit hochklappbaren Anflugstangen.

Tränken

Sie sind zweckmäßigerweise ebenfalls
auf der Kotgrube zu installieren. Dadurch ist es möglich, Spritzwasser von
der Einstreu fernzuhalten. Allerdings
darf auch der Kot in der Grube nicht
zu nass werden, weil er sich sonst ver-
flüssigt und es zu vermehrter Ammoniakbildung kommt. Empfehlenswert
sind Auffanggefäße für Spritzwasser
oder Sickerschächte mit aufliegenden
Rosten. Der Sickerschacht wird am
besten aus Ziegelsteinen gemauert.
Der Rost besteht aus Holzlatten, star-
kem, rostfreiem Drahtgeflecht oder
Rundeisenstäben und wird in einen

kleinen Falz in der Mauerung eingelegt. Die an die Wasserleitung ange-
schlossene Tränke wird mitten über
den Schacht gehängt.

Tränken gibt es in verschiedenen
Ausführungen, als automatische Tränken bei Wasseranschluss im Stall oder
als Stülptränken. Automatische Tränken erleichtern die Arbeit im Stall
sehr, weil das lästige Wassertragen
entfällt. Die Tränken sollten möglichst
aus Kunststoff hergestellt oder email-
liert sein. Zinkgefäße werden leicht
chemisch angegriffen (z. B. durch Medikamente) und es kann zu Vergif-
tungserscheinungen kommen. Trink-

Abrollnest.

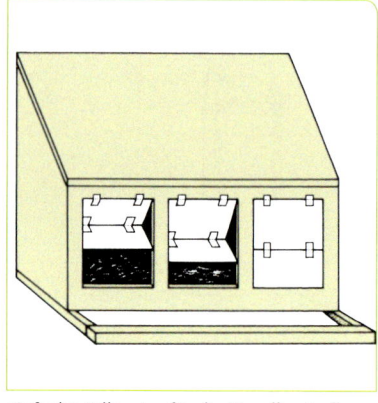

Einfache Fallnester für die Einzelkontrolle der Hennen.

gefäße sollten nicht weniger als 2 bis 3 m vom Futterplatz entfernt sein. Tränkrinnen sind so anzubringen, dass sie sich in Rückenhöhe der Tiere befinden, bei Jungtieren muss man sie dem Wachstum angleichen. Sie sollen nicht mehr als zu einem Drittel gefüllt sein (2 bis 2,5 cm Wasserhöhe), um Spritzwasser zu verhindern.

Eine automatische Rundtränke reicht für 75 bis 100 Hühner beziehungsweise 80 bis 120 Junghennen, bei Rinnentränken rechnet man mit 2,5 cm je Tier.

Nester

Sie sind so anzubringen, dass wenig Licht hineinfällt, denn Hühner lieben zur Eiablage halbdunkle Plätze. Bei Fensterställen eignen sich am besten die Schmalseiten des Stalles oder bei hochliegenden Fenstern der Platz darunter. Bei fensterlosen Ställen zieht

man die der Kotgrube gegenüberliegende lange Seite vor.

Die Einstreu soll weich und sauber sein und kann aus Häcksel, Buchweizen- oder Haferschalen, Hobelspänen oder Kokosmatten bestehen.

Es gibt verschieden geartete Nester, das Einzelnest mit und ohne Fallnestvorrichtung und das Familien- oder Gemeinschaftsnest.

Einzelnester

Einzelnester sind heute oft als Abrollnester gebaut. Hier rollt das Ei nach dem Legen durch ein Loch in der Nesteinlage (Kokos- oder Gummimatte) in eine darunter befindliche Schublade und bleibt auf diese Art sauber und unbeschädigt. Fallnester sind vor allem für die Einzelkontrolle der Hennen nützlich, wie sie in Zuchtbetrieben durchgeführt wird. Voraussetzung ist eine Kontrolle etwa jede

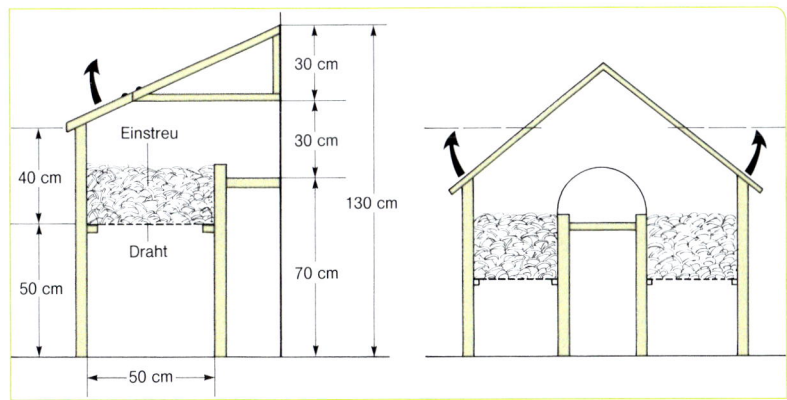

Gemeinschafts- oder Familiennester. Links Querschnitt durch ein gegen die Stallwand gestelltes Nest. Rechts: freistehendes Gemeinschaftsnest für 100 Hennen. Hier gehen die Hennen in der Mitte von einem Laufsteg rechts und links zum Legen in den Nestraum.

zweite Stunde. Allerdings bevorzugen Hühner Nester mit Einstreu, wenn sie die Wahl haben. Deshalb ist es unzweckmäßig, beide Arten von Nestern in einem Stall aufzustellen. Hochklappbare Anflugstangen verhindern, dass die Tiere in den Nestern übernachten und sie verschmutzen. Nachmittags, nach dem Legen, werden die Nester geschlossen.

Gemeinschaftsnester
Gemeinschafts- oder Familiennester werden an einer Stallwand oder freistehend aufgestellt (s. Abb. oben). Der Boden des eigentlichen Nestraumes besteht aus Drahtgeflecht mit 4 bis 5 mm Maschenweite zur Belüftung der Nesteinstreu. Diese besteht am zweckmäßigsten aus Häcksel, Spreu oder Hobelspänen und wird etwa 25 cm hoch eingefüllt. Heu und Stroh sind ungeeignet. Der Laufsteg an der Wand

besteht aus Drahtgeflecht. Dadurch wird erreicht, dass der den Füßen anhaftende Schmutz vor Betreten des Nestraumes abgetreten wird. Das Nestdach ist aufklappbar zur Entnahme der Eier und Pflege der Einstreu.

Man rechnet 4 bis 5 Hennen auf ein offenes Einzelnest oder 1 m² Gemeinschaftsnest für 50 Hennen.

Einstreu
In der Bodenhaltung hat sich in der Praxis die Tiefstreu durchgesetzt, das heißt eine dicke Lage Einstreu wird in den Stall gebracht und bleibt das ganze Jahr über liegen.

Am besten eignet sich gutes, trockenes aber kurzes Stroh; darauf kann noch eine Schicht Hobelspäne aufgebracht werden. Für eine gute, dauerhafte und saugfähige Tiefstreu rechnet man pro Henne 4 bis 5 kg Stroh und 4 bis 5 kg Hobelspäne, je m² etwa 25 kg.

Die Einstreu hat die Aufgabe, Kot und Feuchtigkeit, die von den Tieren abgesondert werden, aufzunehmen. Die Hennen helfen mit, sie durch eifriges Scharren locker zu halten, wenn sie durch kleine Körnergaben dazu angeregt werden. Sollte sie trotzdem in der kalten Jahreszeit feucht werden, muss sie mit der Gabel aufgelockert und möglicherweise nachgestreut werden. Ist die Streu trotzdem fest und hart geworden, muss sie unbedingt erneuert werden, um die Tiere gesund zu erhalten. Es kann auch passieren, dass sich durch verklebte Einstreu Klümpchen an den Zehen der Hennen bilden. Das ist von großem Übel, denn sie lassen sich nur schwer entfernen, und es gehen viele Eier, von den harten Klümpchen angeschlagen, schon im Nest zu Bruch. Dies verursacht verschmierte Eier und kann auch noch zum Eierfressen führen. Die wichtigste Voraussetzung für eine funktionierende Tiefstreu ist ein gesundes Stallklima.

Sandbad

Eine lockere und gute Einstreu ist geeignet, den Hühnern nicht nur als Scharr-Raum zu dienen, sondern auch zum Baden. Sie buddeln sich wie in einem Sandbad ein und baden ihr Gefieder in der Einstreu. Das bringt ihnen das gleiche Wohlbehagen wie ein richtiges Sandbad. Ist jedoch genug Platz im Stall, kann mit geringen Mitteln ein richtiges Sandbad angelegt werden. Bietet sich eine Ecke an, kann hier mit Brettern ein niedriger Kasten erstellt werden, der mit trockenem Sand halb gefüllt wird. Die Hennen werden es gerne benutzen.

Um Ungeziefer, wie Federlingen und Milben, vorzubeugen, sollte ab und zu ein Insektenpulver unter den Sand gemischt werden. Es hat beim Sandbaden den nützlichen Effekt, die Hennen von ihren Quälgeistern zu befreien, sofern sie vorhanden sind. Der Bestand bleibt auf einfache Art weitestgehend von Ungeziefer frei.

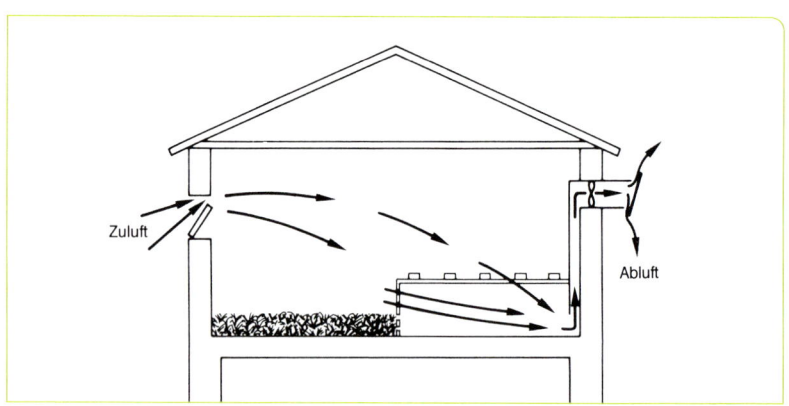

Zwangsbelüftung: Der Ventilator saugt durch den in die Kotgrube ragenden Abluftschacht die verbrauchte Luft ab. Frische Luft strömt durch die Zuluftschlitze oder Fenster nach.

Stallklima

Unter Stallklima versteht man die Klimaverhältnisse in Stallräumen, die durch Zusammenwirken verschiedener Klimaelemente zustande kommen. Dabei sind am wichtigsten:
– gleichbleibende Temperatur,
– ausreichende Be- und Entlüftung
– relative Luftfeuchtigkeit und
– genügend Licht.

Temperatur

Die Legeleistung und Futterverwertung der Tiere sind von der Temperatur abhängig. Der optimale Temperaturbereich für Legehennen liegt zwischen 15 und 20°C. Bei sinkenden Temperaturen steigt die Futterverwertung, weil die Tiere durch höhere Futteraufnahme den Wärmeverlust ausgleichen. Bei zu hohen Wärmegraden wird die Futterverwertung schlechter, die Leistung kann nachlassen, und dünnschalige Eier sind die Regel.

Lüftung

Um auf die Temperatur ausgleichend einwirken zu können, ist es ratsam, eine funktionierende Lüftung zu haben, die in Form eines Ventilators bei kleinen Ställen, oder mehreren bei größen Einheiten, gute Dienste tut. An kalten Tagen kann die Belüftung abgestellt werden oder nur auf niedriger Stufe laufen, im Sommer muss sie aber größere Luftmengen durch den Stall fördern und so die verlangte Temperatur annähernd gewährleisten.

Erhöhte Luftgeschwindigkeit führt bei hohen Temperaturen zum gleichen Wohlbefinden wie geringe Luftbewegung bei niedrigen Temperaturen. Die Luftgeschwindigkeit soll im Normalfall in Nähe der Tiere 0,2 m in der Sekunde nicht überschreiten, im Sommer bei extremer Wärme kann bei erwachsenen Tieren bis zu 0,6 m/sec. zweckmäßig sein.

Die Be- und Entlüftung dient der ständigen Lufterneuerung. Verbrauchte, feuchte Luft soll entfernt, sauerstoffreiche Frischluft zugeführt werden. Für die Gesundheit und Leistungsfähigkeit des Geflügels ist dies von entscheidender Bedeutung.

Die natürliche Ventilation über Fenster und Abzugsschächte ist sicher die billigste Art der Lüftung, aber wegen ihrer Witterungsabhängigkeit nur bedingt funktionsfähig. Sie genügt deshalb nach heutigen Erkenntnissen nicht mehr. Man sollte sich für regulierbare Ventilationssysteme entscheiden. Es gibt Unterdruck-, Überdruck- und Gleichdrucklüftungen. Für Ställe mit Breiten von 6 bis 8 m ist eine Querentlüftung am besten geeignet. Die Abluftventilatoren sitzen in einer Außenwand, während die Frischluft durch Öffnungen in der gegenüberliegenden Außenwand nachströmt (Unterdrucklüftung). Dabei wird die Luft quer durch den Stall gezogen. Um eine effektive Be- und Entlüftung zu gewährleisten, muss die Leistung der Ventilatoren nach Größe und Besatzdichte des Stalles ausgelegt sein.

Man legt die maximal notwendige Luftmenge, die im Sommer zu erwarten ist, zugrunde, und zwar bis zu 8 oder 10 m^3 je Henne und Stunde.

Feuchtigkeit

Mit der Abluft wird außer Staub und Geruchsstoffen auch Feuchtigkeit abgeführt. Die relative Luftfeuchtigkeit im Stall soll 65 bis 70 % betragen. Eine zu niedrige Luftfeuchtigkeit ist ungünstig und fördert, meist in Verbindung mit erhöhter Staubentwicklung, Erkrankungen der Atemwege. Zu hohe Luftfeuchte dagegen lässt die Einstreu verklumpen, durchfeuchtet allmählich die Bauelemente und vermindert den Wärmeschutz. Sie kostet höheren Futteraufwand und begünstigt die Entstehung von Krankheiten und Parasitenbefall. Im Stall fällt ständig Wasserdampf durch folgende Vorgänge an:

– Atmung der Tiere,
– Verdunstung von Wasser aus Kot,
– Spritzwasser durch schlecht eingestellte Tränken,
– Verdunstung von Trinkwasser.

So geben zum Beispiel 100 Hühner in 24 Stunden 15 bis 16 Liter Wasser ab, die aus dem Stall befördert werden müssen, will man die angeführten Nachteile verhindern. Bei kleineren Tierzahlen ist die Verdunstung natürlich geringer, muss aber auch berücksichtigt werden.

Auch ein zu hoher Tierbesatz kann sich nachteilig auf die Feuchtigkeit im Stall auswirken, wenn die Be- und Entlüftung nicht ausreichend ist.

Beleuchtung

Für die Leistungsbereitschaft der Legehennen ist genügend Licht unbedingt erforderlich. Deshalb wird die Legeleistung gezielt über Lichtprogramme gesteuert. Der Lichtbedarf kann in Fensterställen teilweise durch Tageslicht gedeckt werden. Trotzdem ist eine künstliche Beleuchtung vorzusehen, um die fehlende Tageslichtlänge auszugleichen. Beleuchtungsplan siehe Seite 46.

Es gibt verschiedene Lichtprogramme, die kleine Unterschiede in der Durchführung aufweisen, aber alle den gleichen Zweck verfolgen. Alle haben eines gemeinsam, nämlich: mit zunehmendem Alter der Legehennen wird der „Tag" verlängert.

Der Stall sollte gleichmäßig ausgeleuchtet sein, besonders im Bereich der Sitzstangen und der Futter- und Trinkgefäße. Dabei ist es besser, mehrere Lampen zu installieren, als nur eine Röhre mit entsprechender Leistung.

Man rechnet für eine ausreichende Beleuchtung pro Quadratmeter Bodenfläche 2 Watt.

Gänse und Enten benötigen keine künstliche Beleuchtung.

Hühnerhaltung

Verhalten in der Herde

Eine der wesentlichen Voraussetzungen für eine erfolgreiche Legehennenhaltung sind gesunde und leistungsfähige Tiere. Alle Bemühungen hinsichtlich Haltung und Fütterung bringen keinen Erfolg, wenn die jungen Hennen den geforderten Ansprüchen nicht genügen. Diesem Gesichtspunkt ist beim Zukauf legereifer Junghennen auf jeden Fall mehr Gewicht zuzumessen als dem Kaufpreis.

Überlegungen beim Kauf von Junghennen

Vor dem Kauf der Tiere ist zu entscheiden, welche Art der Hühnerhaltung bevorzugt wird. Soll es die Haltung einer bestimmten ausgefallenen Rasse sein, die mehr zur Zierde und damit möglicherweise der Weiterzucht und Ausstellung auf Schauen dient, oder mehr eine Legehennenhaltung, die die Erzeugung von Eiern und Suppenhühnern für den eigenen Verbrauch, gegebenenfalls auch zum Verkauf in kleinen Mengen, vorsieht.

Freude und Erbauung kann sowohl die eine als auch die andere Art der Hühnerhaltung mit sich bringen. Der Umgang mit Tieren ist abwechslungsreich und entspannend. Wenn sich dann noch bescheidene Erfolge in die eine oder andere Richtung einstellen, kann sie zu einem schönen Hobby werden.

Rasse- oder Hybridhühner

Die reinen Rassen sind fast nur noch bei Rassegeflügelzüchtern oder bei Hobbyhaltern zu finden, die Freude an Form und Farbe der jeweiligen Rasse haben und sie nicht erstrangig aus wirtschaftlichen Gründen halten. Wer die Hennenhaltung nach wirtschaftlichen Gesichtspunkten betreiben möchte, ganz gleich in welcher Größenordnung, hält Hybridhühner. Die verschiedenen Hybrid-Herkünfte sind durch jahrelange Zuchtarbeit aus einer oder mehreren Rassen entstanden.

Die weißen Hybriden wurden meist auf der Grundlage weißer Leghornlinien erzüchtet und bringen hohe Legeleistungen bei guter Futterverwertung. Sie legen weiße Eier.

Die braunen Hybriden, aus leichten und mittelschweren Rassen entstanden, zeigen bräunliches und lockeres Gefieder in verschiedenen Farbnuancen, legen braune Eier und bringen ebenfalls sehr gute Leistungen bei etwa gleichem Futteraufwand.

Die Haltungsweise ist für Rasse- und Hybridhühner die gleiche, die Hennen können mit Auslauf oder ganzjährig im Stall gehalten werden. Die Größe der Hennenhaltung richtet sich nach der Größe des Stalles. Zu beachten ist jedoch, dass Alt- und Junghennen getrennt gehalten werden sollten, wenigstens solange, bis die

Gestreifte Plymouth-Rocks als Vertreter der schweren asiatischen Rassen.

jungen Hennen mit dem Legen begonnen haben. Ideal wären, aus hygienischer Sicht, verschiedene Ställe und Ausläufe, die wechselweise genutzt werden können.

Die Pickordnung

Wir wissen, dass es in einer Hühnerherde eine Rangfolge gibt, die durch „Picken" festgelegt wird. Die Auseinandersetzung erfolgt, wenn die Hennen eingestallt werden.

Kommen Hennen neu in einen Stall, in dem eine eingefahrene Pickordnung besteht, landen die Neuankömmlinge für gewöhnlich ganz unten. Die stärkste Henne darf alle anderen Hühner picken und ist die erste in der Gruppe. Dann kommt die nächststärkere und es geht herunter bis zur letzten, die von allen

anderen Hennen gepickt werden darf.

Die schwächsten Tiere sind dauernd auf der Flucht vor den Schnabelhieben der anderen und verkriechen sich, wo immer sie Schutz finden. Sie kommen selten zum Fressen und Trinken, sind meist abgemagert und bringen schlechte Leistungen. Betritt der Geflügelhalter den Stall, herrscht für diese Zeit „Waffenruhe", und die schwachen Hennen nutzen die Gelegenheit, schnell ein wenig Futter und Wasser zu sich zu nehmen. Diese Tiere sind es auch, die im Falle einer Infektion am ehesten aufgrund ihrer geschwächten Konstitution erkranken, und sie bilden dadurch eine Gefahr für den gesunden Bestand.

Deshalb ist es wichtig, für genügend Tröge, Tränken und Sitzstangen

Die braunen Legehennen eignen sich am besten für die Boden- und Auslaufhaltung.

zu sorgen. Der Konkurrenzneid spielt eine nur untergeordnete Rolle, wenn alles reichlich vorhanden ist, sodass es keinen Anlass zum Streiten gibt. Idealerweise sollten alle Einrichtungsgegenstände in ausreichender Menge auf die Tierzahl abgestimmt sein.

Wissenschaftler haben festgestellt, dass eine Henne etwa 50, höchstens 100 andere Hennen „kennen" kann. Die Tiere, die eine Henne in einem großen Stall kennt, sind diejenigen, denen sie am häufigsten begegnet, also die, die sich in „ihrem Teil" des Stalles aufhalten. Sie bilden eine Gemeinschaft, und die Pickordnung liegt hier fest. Wenn die Hennen keinen Grund haben, ihren Lebensraum zu verlassen, weil alles Notwendige vorhanden ist, sind Streitigkeiten mit anderen selten. Erfahrene Hühnerhal-

ter kennen dies Problem und richten den Stall entsprechend ein.

Vom Mittelpunkt der Gemeinschaft aus gesehen, sollte für jede Henne der Weg bis zu dem, was sie benötigt, nicht weiter als drei Meter entfernt sein. Auf diesem Lebensraum wird sie kaum auf fremde Hennen treffen und es herrscht Ruhe im Stall. In einem Hühnerbestand unter 50 Hennen ist die Pickordnung schnell festgelegt und bleibt über lange Zeit bestehen, wenn die Voraussetzungen günstig sind, das heißt, wenn ausreichend Platz und Geräte zur Verfügung stehen.

Untugenden

Zu den Untugenden der Hühner gehören Federpicken und Eierfressen. In der Regel beginnt alles ganz harmlos. Eine einzelne Henne fängt damit an, und schon bald folgen andere ihrem Beispiel. Diesen Übeln gilt es im Anfangsstadium zu begegnen.

Federpicken

Aus Langeweile oder irgendeinem anderen Grund fangen Hennen, manchmal auch schon Küken und Junghennen, plötzlich an, ihren Artgenossen die Federn auszurupfen und diese dann auch meistens zu fressen. Es beginnt in der Regel auf dem Rücken und am Hals, dann an der Kloake. In schlimmen Fällen kann es zu Wunden an den bepickten Tieren kommen, im schlimmsten Fall zu Todesfällen. Seltsamerweise wehrt sich das betroffene Tier nicht, es ergreift nicht einmal die Flucht. Häufig macht das schlechte Beispiel auch noch Schule unter den Hühnern und dann sieht bald die Mehrzahl des Hennenbestandes halb gerupft aus, wenn der Hühnerhalter der Untugend nicht schnell Einhalt gebietet. Es ist manchmal zu beobachten, dass den Hennen nur noch die großen Federn an Schwanz und Flügeln verblieben sind. Krank sind sie deshalb nicht und die Legetätigkeit bleibt erhalten, aber die äußere Erscheinung hat stark gelitten und die Tiere bieten einen unerfreulichen Anblick.

Auslösende Faktoren können überfüllte Ställe, Sonneneinstrahlung in den Stall oder Langeweile sein. Die genauen Ursachen sind nicht bekannt. Vorbeugend sollte das Fertigfutter in Mehlform gegeben werden, um die Tiere länger zu beschäftigen. Pressfutter führt schnell zur Sättigung, weil es bequemer aufgenommen werden

kann. Es ist gut, mit kleinen Körnergaben die Hennen zum Scharren in der Einstreu anzuregen und abzulenken, oder ihnen bei Stallhaltung Grün- und Weichfutter anzubieten.

Aber auch bei auslaufenden Hennenbeständen kann Federpicken beobachtet werden.

Bei der nächsten Mauser befiedern sich die Hennen wieder voll, wenn das Picken überwunden ist.

Im Handel gibt es Präparate, die gegen Federpicken helfen sollen. Die Wirkung ist jedoch von kurzer Dauer, sodass häufig nachbehandelt werden muss. Durch Picken verursachte Wunden können mit Holzteer bestrichen werden.

Je nach Ausmaß des Federpickens wird man den Bestand nach Abschluss der Legetätigkeit abschaffen und ganz neu beginnen müssen.

Eierfressen

Auch das Eierfressen kann zu Ärger Anlass geben. Es beginnt meistens mit einem zerbrochenen Ei, das eine oder mehrere Hennen genüsslich austrinken. Anscheinend schmecken den Hühnern Eier sehr gut und sie nehmen jede Gelegenheit wahr, angeknickte Eier zu verzehren. Es gibt Hennen, die sich regelrecht darauf spezialisieren. Man erkennt sie leicht daran, dass Eigelb am Schnabel oder Halsbehang klebt. Sie sollten sofort ausgemerzt werden, weil sie auch andere Hennen zum Eierfressen verführen.

Gute Nesteinstreu und öfteres Eiersammeln kann als Vorbeuge empfohlen werden, vor allem dann, wenn gegen Ende der Legeperiode die Eierschalen poröser und leicht zerbrechlich werden.

Abrollnester, in denen die Eier nach dem Legen von den Hennen nicht mehr erreicht werden können, haben sich ebenfalls bewährt.

Fütterung

Etwa 60 % der Produktionskosten entfallen bei der Eiererzeugung auf das Futter. Deshalb ist eine leistungsgerechte Fütterung für eine wirtschaftliche Geflügelhaltung ausschlaggebend. Das Futter muss nach den neuesten wissenschaftlichen und praktischen Erkenntnissen zusammengesetzt sein und die Voraussetzungen für eine hohe Leistung erfüllen.

Nährstoffe

Eine Henne mit hoher Leistung hat einen hohen Bedarf an allem, was zur Bildung eines Eies erforderlich ist.
Die wichtigsten Nährstoffe sind:
– Eiweiß
– Fett
– Kohlenhydrate.

Eiweiß oder Protein

Der Universalbaustoff ist das Eiweiß. Eiweiß kann nicht durch andere Nährstoffe ersetzt werden. Die Grundbausteine des Eiweiß sind die Aminosäuren, von denen wir gut 20 kennen. Das Huhn kann die meisten selbst aufbauen, jedoch können etwa 10 Aminosäuren nicht von den Tieren aus anderen Stoffen hergestellt werden, sondern müssen daher unbedingt mit dem Futter zugeführt werden, es sind die

so genannten unentbehrlichen oder essenziellen Aminosäuren.

Die Aufschließung der Eiweißstoffe erfolgt im Dünndarm; als Aminosäuren gelangen sie über das Blut in den Kreislauf.

Fett

Das Fett ist wegen des hohen Energiegehaltes von großer Bedeutung. Fette bestehen aus Glycerin und Fettsäuren. Es gibt gesättigte und ungesättigte Fettsäuren. Auch Fettsäuren können überwiegend im Körper aufgebaut werden, nur einige müssen mit dem Futter dem Organismus zugeführt werden.

Das im Körper gespeicherte Fett dient als Reserve, Energiespeicher und Wärmeisolation.

Kohlenhydrate

Die wichtigsten Energiequellen in der Fütterung sind die Kohlenhydrate. Im Gegensatz zum Eiweiß, welches vornehmlich dem Aufbau des Körpers dient, haben Kohlenhydrate neben den Fetten die Aufgabe, dem Organismus über den aus ihnen gebildeten Traubenzucker Wärme- und Bewegungsenergie zu liefern. Bei zu kohlenhydratreicher Fütterung wird der überflüssige Traubenzucker in Depotfett umgewandelt und die Tiere werden fett.

Mineralstoffe

Neben den eigentlichen Nährstoffträgern sind zum Ablauf aller Vorgänge im Organismus auch viele chemische Verbindungen und Elemente erforderlich. Ein Teil dieser Mineralstoffe wird in größeren Mengen benötigt, wie Calcium, Phosphor, Natrium, Chlor, Kalium, Magnesium und Schwefel. Andere brauchen nur in Spuren vorhanden zu sein, deshalb nennt man sie auch Spurenelemente, es sind Eisen, Kupfer, Kobalt, Mangan und andere.

Wirkstoffe

Neben den angeführten Nährstoffen und Mineralien gibt es auch eine Reihe von Stoffen im Futter und Körper in nur sehr geringen Mengen, man nennt sie Wirkstoffe. Ihre Funktionen sind lebensnotwendig für den Stoffwechsel. Man unterscheidet zwischen körpereigenen Wirkstoffen und Wirkstoffen aus der Nahrung. Körpereigene Wirkstoffe sind die Hormone und Fermente. Sie werden zum Teil vom Körper selbst gebildet, zum Teil brauchen sie auch Vorstufen, die als Wirkstoffe mit dem Futter zugeliefert werden müssen. Die Vorstufen, überwiegend organischer Natur, bezeichnet man als Vitamine.

Muschelschalen

Der Kalkanteil im Fertigfutter ist so ausgelegt, dass er den Erfordernissen einer modernen Legehennenhaltung entspricht. Da aber der Kalkbedarf je nach Legeleistung wechselt, können Muschelschalen zur Verbesserung und Erhaltung der Eischalenqualität zusätzlich gegeben werden. Bei Muschelschalen handelt es sich um zerkleinerte Schalen von Austern, Herz- oder Miesmuscheln. Den gleichen Nutzen bringen auch zerkleinerte Kalksteine.

Ein besonderer Trog oder Automat für Muschelschalen oder Kalksteinchen hat sich bewährt. Die Tiere bedienen sich bei freiem Zutritt nach Bedarf.

Grit

Grit ist eine Futterergänzung, die allerdings nicht unbedingt erforderlich ist. Es handelt sich um kleine Steinchen aus Quarz, Granit oder Flint. Sie dienen nicht zur Mineralstoffversorgung der Hühner, sondern sozusagen als Zahnersatz beim Zerreiben der Körner im Muskelmagen. Sie haben also eine rein mechanische Wirkung. Kalksteine können diese Arbeit nicht leisten, weil sie von der Salzsäure des Magens aufgelöst werden. Hennen mit freiem Auslauf suchen sich die Steinchen selbst, intensiv gehaltene Hühner, die nur Mischfutter bekommen, brauchen sie nicht, weil das Getreide schon gemahlen ist, und dem Magen das Zerkleinern vorweggenommen ist. Dagegen sollten Hennen bei Intensivhaltung und Körnerfütterung, die also kombiniert gefüttert werden, ab und zu Grit aufnehmen können. Die Steinchen bleiben so lange im Magen, bis Nachschub kommt. Auch hier reicht ein Futtergefäß.

Nährstoffbedarf

Bei dem vom Tier aufgenommenen Futter unterscheidet man den Erhaltungsbedarf und den Erzeugungsbedarf. Das für die Erhaltung des Körpers benötigte Futter deckt die Verluste, die sich aus den Anforderungen des Stoffwechsels (Verdauung, Atmung, Zellersatz und der Körperwärme) und der Muskeltätigkeit ergeben. Wärmeverluste sind von der Körperoberfläche und dem Körpergewicht abhängig.

Diesem stolzen Hahn im Auslauf fehlt es bestimmt an nichts, er sprüht vor Energie und Lebensfreude.

Das Erzeugungsfutter wird zum Wachstum, zu Eiererzeugung, Fleischansatz und Federbildung benötigt. Je höher die Leistung, desto günstiger das Verhältnis Erzeugungs- zu Erhaltungsfutter.

Wasser

Wasser ist der wichtigste Bestandteil aller lebenden Organismen. Beim Huhn liegt der Wassergehalt, je nach Fettanteil, im Körper um 60 %, das Ei enthält 65 bis 68 %. Die Aufnahme erfolgt durch Trinkwasser und den Wassergehalt in der festen Nahrung.

Für einen optimalen Stoffwechsel, für den Zellaufbau und für die Regulierung der Körpertemperatur wird Wasser benötigt. Die Menge der Wasseraufnahme richtet sich nach dem Futterverzehr, der vom Körpergewicht und der Legeleistung abhängt, sowie im besonderen von der Umgebungstemperatur. Unter normalen Verhältnissen braucht eine Legehenne pro Tag 250 g Wasser. Bei extremer Wärme kann der Wasserverbrauch jedoch stark ansteigen.

Hühner können nicht über die Haut schwitzen, infolgedessen atmen sie sehr schnell bei aufgesperrtem Schnabel, um sich Kühlung zu verschaffen. Dadurch wird den Lungen rasch viel frische Luft zugeführt und verbrauchte, wasserhaltige Luft ausgeatmet. Durch das anhaltende schnelle Atmen wird eine große Menge Wasserdampf aus dem Geflügelkörper ausgestoßen.

Hühner können kein Wasser speichern. Was sie aufnehmen, wird schnell verbraucht. Deshalb ist die Versorgung mit frischem, sauberen Wasser zu jeder Zeit besonders wichtig, will man keine unliebsame Überraschung erleben. Jeder Wassermangel, sei er auch nur vorübergehend, ist ein Stress für die Tiere. Er führt zu verminderter Futteraufnahme und allgemeinem Leistungsabfall.

Decken die Tiere im Auslauf nach einem Regenguss aus Pfützen ihren Wasserbedarf, können Infektionskrankheiten und Parasitenbefall die Folge sein. Deshalb sollte stets für genügend sauberes Wasser gesorgt sein. Einmal wöchentlich sollten die Tränken gereinigt werden, um zu verhindern, dass sich Bakterien und Algen ansiedeln, die sich auf den Eigeschmack und die Gesundheit der Tiere nachteilig auswirken können.

Sehr gut bewährt haben sich automatische Tränken, weil immer frisches Wasser nachläuft.

Für 75 bis 100 Hennen rechnet man eine Rundtränke, automatische oder Doppelzylinderrundtränke, oder 2 bis 3 cm Tränkfläche bei Rinnentränken.

Wegen der leichten Handhabung werden Vitamine und gegebenenfalls Medikamente gerne über das Trinkwasser verabreicht. Es ist dann mit Sicherheit anzunehmen, dass alle Tiere davon trinken, wenn keine andere Trinkmöglichkeit besteht.

Bei Auslaufhaltung sollten die Tiere so lange im Stall gehalten werden, bis sie die mit Medikamenten oder Vitaminen gemischte Wassermenge ausgetrunken haben.

Fütterungstechnik

Die Fütterung der Hühner lässt sich als Alleinfütterung oder kombinierte Fütterung durchführen. Während das Alleinfutter so abgestimmt ist, dass es ohne jegliche Beifütterung verabreicht werden kann, setzt die kombinierte Fütterung eine zusätzliche Körnergabe voraus.

Alleinfütterung

Die Alleinfütterung ist bequem, weil die Tiere immer Legehennenalleinfutter in Automaten zur Verfügung haben, und der Hühnerhalter keine Fütterungszeiten einzuhalten braucht.

Es sollte stets darauf geachtet werden, dass die Tröge nur bis zu einem

Drittel oder höchstens halb gefüllt sind, weil sonst zu viel Futter verschleudert wird. Das teuere Fertigfutter in Mehlform suchen die Hennen nicht aus der Einstreu auf und es ist verloren. Bei nur 5 g Futtervergeudung bedeutet das 1,5 bis 2 kg Futter pro Henne und Jahr.

Kombinierte Fütterung

Die kombinierte Fütterung eignet sich für die Verwendung betriebseigenen Futtergetreides in mittleren und kleineren Bodenhaltungen. Die pünktliche Versorgung der Tiere ist wichtig und bedeutet eine größere zeitliche Abhängigkeit des Geflügelhalters.

Die Körnergaben sollten möglichst immer zur gleichen Zeit, am besten abends, gegeben werden. Je Henne rechnet man pro Tag etwa 50 g bei freiem Zugang zum Legemehl (Ergänzungsfutter für Legehennen). Es ist darauf zu achten, dass die Tiere genug Eiweißfutter bekommen, um eine maximale Leistung zu erbringen, das bedeutet, dass ein ausgewogenes Legefutter zur freien Verfügung stehen muss, und nicht mehr als die genannte Menge Körner gegeben wird. Es ist sicher ratsam, die Körnerration einmal abzuwiegen, damit man die Menge kennt, die täglich gegeben werden kann. Bei zu starker Körnergabe verfetten die Hennen leicht, und die Legeleistung leidet. Bei Auslaufhaltung ist ebenso zu verfahren, denn die Nahrung, die sich die Tiere suchen, ist nur ein Beifutter und spielt keine große Rolle.

Die Tiere gewöhnen sich schnell an die abendliche Körnergabe. Streut man die Körner breitflächig auf den Stallboden, so halten die Hühner durch Scharren die Einstreu locker und weich, vorausgesetzt, sie ist trocken. Ein weiterer Vorteil der Körnerfütterung ist, dass die Tiere mit gefülltem Kropf zur Nachtruhe gehen; dadurch ist der Verdauungsapparat während der Nacht noch lange in Aktion.

Weichfutter

Auch Küchen- und Gartenabfälle können dem Geflügel gegeben werden. Bei Stallhaltung am besten in Form von Weichfutter. Die Abfälle und Reste werden möglichst zerkleinert und mit Legemehl zu einem feuchtkrümeligen Weichfutter verarbeitet. Die Tiere fressen es sehr gern; es ist nur darauf zu achten, dass es in kurzer Zeit aufgenommen ist, denn Weichfutter säuert leicht, ganz besonders in der warmen Jahreszeit. Die Tröge sollten in etwa 30 Minuten wieder leer sein.

Zu bemerken ist noch, dass beim Verfüttern von Weichfutter genügend Tröge zur Verfügung stehen müssen, sodass alle Tiere zur gleichen Zeit daraus fressen können, weil sonst die schwächeren Tiere abgedrängt werden, und die Herde ungleich wird (siehe Pickordnung). Weichfutter sollte möglichst morgens oder mittags verabreicht werden, nicht gegen Abend.

Futterverbrauch

Der Futterverbrauch je Legehenne und Jahr liegt etwa bei 45 kg Legehennenalleinfutter oder bei der kombinierten Fütterung bei 28 kg Ergänzungsfutter (Legemehl) und 17 kg Körnerfutter.

Sie fühlen sich wohl in ihrem Sandbad. Die gerngenutzte Gelegenheit dient auch der Reinigung des Federkleides.

Einflüsse des Futters auf die Tiere und ihre Produkte

Bei Unterversorgung an wichtigen Nähr-, Mineral- und Wirkstoffen sind schlechtes Wachstum, schlechtere Gewichtszunahmen, schlechtere Legeleistung und schlechtere Futterverwertung zu beobachten. Daneben treten bei Mangel an bestimmten Aminosäuren und Wirkstoffen typische Mangelerscheinungen auf, wie schlechte Eischalenbildung, schlechte oder anomale Federentwicklung oder Rachitis.

Gut beeinflussbar durch das Futter ist die Dotterfarbe. Intensivhaltung und hohe Legeleistung führen zu hellen Dottern, wenn dem Futter keine gelb- oder rotfärbenden Komponenten zugesetzt werden. Diese sind z. B. Perl- oder Platamais, Grasgrünmehl oder Paprika, Carotinal oder Carophyll u. a. Da die Verbraucher hierzulande

kräftig gelbgefärbte Dotter bevorzugen, weil sie mit der Farbe auch einen guten Geschmack in Verbindung bringen, müssen Karotinoide über das Futter zugeführt werden. Dabei beeinflussen sie weder den Geschmack noch den Nährwert des Eies. Es ist wie mit der braunen Eischale, das Auge will auch etwas haben.

Die Karotinoide wirken sich auch auf die Farbe der Haut aus.

Der Geschmack und Geruch des Eies wird nicht so sehr durch die Fütterung als durch äußere Bedingungen, wie Lagerung und Behandlung, beeinflusst. So kann unsachgemäßer Umgang mit Eiern, zum Beispiel Aufbewahrung zusammen mit anderen stark riechenden Lebensmitteln, schlecht schmeckende Eier zur Folge haben. Da Eier bekanntlich schnell Gerüche annehmen, sind sie in guter Luft zu lagern. Im Einzelfall kann auch eine

Wenn der Auslauf nicht lockt, ruhen sich die Hennen gelegentlich auch tagsüber auf den Sitzstangen aus.

Eierstockerkrankung die Ursache für ein schlecht schmeckendes Ei sein.

Der Auslauf

In der modernen Legehennenhaltung und bei großen Beständen hat die Auslaufhaltung ihre Bedeutung verloren. Praktiziert wird sie jedoch bei kleinen und mittleren Beständen. Ein guter Auslauf mit reichem Grasbewuchs kann die Futterkosten ein wenig senken. Vor allem im Frühjahr finden die Tiere vitaminreiches Grünfutter. Ideal ist ein mit Bäumen und Sträuchern bewachsener Auslauf. Hier finden die Tiere Schatten und Schutz vor Wind und Greifvögeln. Da die meisten Hühner nicht weit vom Stall weglaufen, ist die Grasnarbe vor dem Stall immer verschwunden und der Boden völlig zerkratzt und verkotet.

Bei Regen bilden sich hier, wenn der Boden nicht sehr wasserdurchlässig ist, leicht Pfützen, die zu Krankheitsherden werden und Wurmbefall und Kokzidiose verursachen können. Deshalb ist das Augenmerk besonders auf den Platz vor den Schlupflöchern zu richten, öfter zu desinfizieren und stehendes Wasser abzuleiten.

Um den Auslauf nicht über Gebühr zu beanspruchen, können die Hühner stundenweise ins Freie gelassen werden, etwa ab Mittag, wenn die Hauptlegezeit vorüber ist. Bei nassem und windig-kaltem Wetter lässt man die Tiere am besten im Stall, um sie nicht den widrigen Witterungseinflüssen auszusetzen. Sie bringen außerdem von draußen Feuchtigkeit und Schmutz mit in den Stall, und die Einstreu leidet erheblich.

Bei beschränkter Auslaufmöglichkeit bewährt sich ein Wechselauslauf, das heißt, der zur Verfügung stehende Auslauf wird durch einen Zaun in zwei Teile getrennt, und die Hennen können einmal eine Zeitlang in diesem, dann wieder im anderen auslaufen.

Pflege des Auslaufs

Der Auslauf wird durch die Hühner nur einseitig und ungenügend gedüngt. Deshalb ist in der Zeit, in der die Tiere den Auslauf nicht nutzen, mit Mineraldünger auszugleichen.

Ohne Pflege des Auslaufs und bei Überbeanspruchung tritt durch Verkotung und durch Verdrängung wertvoller Futtergräser nach einiger Zeit „Hühnermüdigkeit" des Bodens auf. Hier hilft dann nur noch Umbrechen des Auslaufs und Neueinsaat.

Nach der Neueinsaat sollte der Auslauf wenigstens ein Jahr nicht von Hühnern belaufen werden, sie würden in kurzer Zeit die Grasnarbe wieder ruinieren.

Tröge und Tränken sollten nicht im Auslauf stehen. Dadurch wird nicht nur der Auslauf vor Verkotung geschont, sondern die Hennen sind auf

diese Weise gezwungen, den Stall öfter aufzusuchen, um Futter und Wasser aufzunehmen. Sie könnten sich sonst angewöhnen, nur noch draußen zu leben, auch die Nächte in den Bäumen zu verbringen und ihre Eier irgendwo draußen zu verstecken. Das wäre ein zusätzlicher Arbeitsaufwand für den Geflügelhalter und aus vielerlei Gründen nicht wünschenswert. Je Huhn sollten im Idealfall 15 bis 20 m² Auslauf zur Verfügung stehen.

Legeleistung

Eine gute Legeleistung hängt, wie schon festgestellt, von einer optimalen Haltung, der richtigen Fütterung und der Gesundheit der Tiere ab. Alle Faktoren sind gleich wichtig, ausschlaggebend für eine Leistungsminderung ist immer das schwächste Glied in der Kette.

Legebeginn

Die jungen Hennen werden, wenn keine Komplikationen bei der Aufzucht eingetreten sind, mit etwa 22 bis 24 Wochen legereif, und die ersten Junghenneneier fallen an. Anfangs sind sie noch klein und haben ungefähr ein Gewicht von 45 g je nach Rasse. Junghenneneier werden von Kennern besonders geschätzt, weil der Dotteranteil recht hoch ist, und sie sehr gut schmecken. Das Eigewicht nimmt jedoch schnell zu und erreicht schon bald ein normales Gewicht von 55 bis 60 g. Junghennen, die aus irgendeinem Grund zu früh mit dem Legen beginnen, bevor sie selbst richtig ausgewachsen sind, legen lange Zeit

Grasmischung für mittlere Böden auf 1000 m²	
Englisches Raygras	2400 g
Wiesenrispe	1200 g
Wiesenschwingel	800 g
Rotschwingel	800 g
Weißklee	600 g
Italienisches Raygras	400 g

kleine Eier. Deshalb ist darauf zu achten, dass der Legebeginn nicht zu früh eintritt, und die jungen Hennen ein ordentliches Körpergewicht haben. Bei mittelschweren Hühnern rechnet man etwa 1400 g. Das soll nur als Anhaltspunkt dienen.

Planung der Legeperioden

Wer aus seiner Legehennenhaltung regelmäßig Eier zum Verkauf anbieten möchte, sollte darauf achten, dass er über das ganze Jahr Eier mit ausgeglichenen Eigewichten erhält.

Um dies zu erreichen, ist es sinnvoll, zwei oder drei Partien Junghennen in regelmäßigen Abständen einzustallen. In der Zeit, in der die älteren Hennen fast nur große Eier legen, muss die nächste Partie mit dem Legen beginnen.

Für den Verkauf ist es günstig, immer Eier verschiedener Größen anbieten zu können und nicht nur eine Zeitlang große und ein anderes Mal nur kleine Eier vorrätig zu haben.

Dass bei einer größeren Hühnerhaltung die jeweiligen Altersgruppen in getrennten Ställen oder Abteilen untergebracht sein sollten, ist aus hygienischer Sicht selbstverständlich. Damit ist auch die Möglichkeit gegeben, den Stall nach der Legeperiode und dem Schlachten oder Verkauf der Althennen, gründlich zu säubern und zu desinfizieren.

In der Regel sollten Legehennen – mit Ausnahme von Zuchthennen – nur ein Legjahr gehalten werden, eventuell ist ein verlängerter einjähriger Umtrieb bis zu 16 Monaten möglich.

Abnehmende Legeleistung

Nach einer Legeperiode ergeben die geschlachteten Hennen durchaus ein vollwertiges Suppenhuhn. Besonders die Tiere der mittelschweren Rassen eignen sich gut durch ihr höheres Gewicht und leichten Fettansatz.

Mit zunehmendem Alter sinkt die Legeleistung und der Futterverbrauch nimmt zu, die Schalen werden porös und es gibt zahlreiche Knickeier. Als Regel gilt, dass eine Herde Hennen abgeschafft werden sollte, wenn die Legeleistung unter 50 % sinkt.

Plan zur Einstellung neuer Junghennen. Werden sie im Februar und im August eingestellt, ist die große Nachfrage in den Oster- und Weihnachtsmonaten kein Problem.

Leistungsdaten

Stall-Nr.: _____ Schlupfdatum: _____ Eingestallte Hennen Stück: _____ Eingestallt am: _____

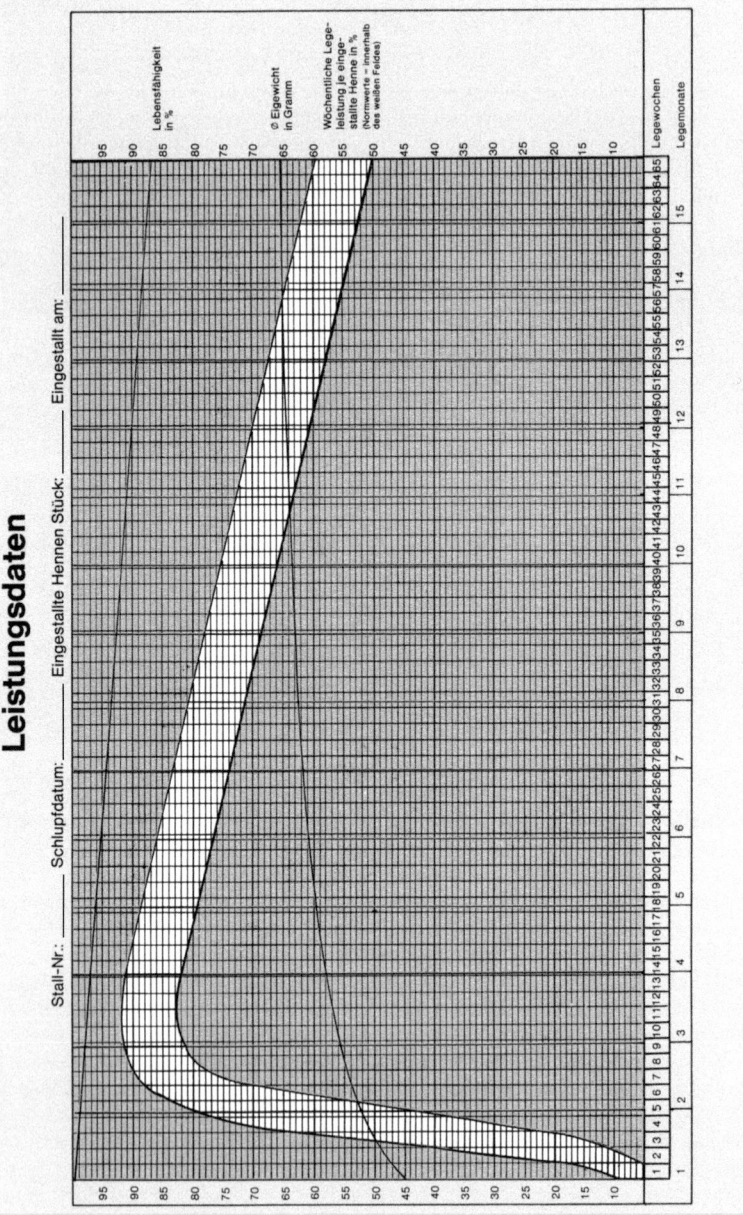

Legeliste für das Jahr _____

(Tages-Eieranfall)

Stall-Nr: _____

Betriebsbezeichnung: _____ (Name) / _____ (Ort)

Rasse: _____

Hennen-Jahrgang: _____

Herkunftsbetrieb der Tiere: _____

	Hennenbestand am 1. jeden Monats															
Zahl																Eier
Monat	Juni	Juli	Aug.	Sept.	Okt.	Nov.	Dez.	Jan.	Febr.	März	April	Mai	Juni	Juli	Aug.	
Tag 1																⌀ Leistung je Henne:
2																
3																
4																
5																
6																
7																
8																
9																
10																Eier
11																
12																
13																
14																
15																Gesamt-Legeleistung der Herde:
16																
17																
18																
19																
20																
21																
22																
23																
24																
25																
26																
27																
28																
29																
30																
31																
Zus.																
durchschnittl. Leistung																⌀ Hennenzahl:
monatl. Abgänge																

Abgangsursachen: _____

Linke Seite: Die Legeleistung, berechnet in Prozent, sollte in dem weißen Feld verlaufen. Durch diese Kontrolle ist jederzeit der Überblick gewahrt.

Oben: In einer solchen Legeliste sollte täglich die Zahl der Eier notiert und die monatliche durchschnittliche Leistung ermittelt werden.

Leistungskurve und Legeliste

Die Legeleistung einer Legehennen-
herde kann in einer Leistungskurve
dargestellt werden, die mit einigen
kleinen Abweichungen immer den
gleichen Verlauf nehmen soll.
Zunächst steigt sie sehr schnell von
0 auf 80 bis 90 % Legeleistung und
bleibt in dieser Höhe für einige Wochen, um dann langsam abzufallen.
Je allmählicher der Abfall verläuft,
desto besser ist die Leistung (siehe
Seite 44).

Für den Hühnerhalter, ganz gleich,
ob er viele oder weniger Hennen hält,
ist es interessant, eine Legeliste zu
führen. Sie gibt ihm jederzeit eine
Übersicht über die Leistung der Hennen. Vor allem, wenn es um die Wirtschaftlichkeit geht, ist es wichtig, an-
hand von Aufzeichnungen den Leistungsstand der Hennen feststellen zu
können.

Der Beleuchtungsplan

Die natürlichen Legepausen (Mauser)
in der hauswirtschaftlichen Hühnerhaltung sind auf die jahreszeitlichen
Tageslängen zurückzuführen. Ein
Lichtprogramm steuert die Aufrechter-
haltung der Legeleistung zu jeder Jahreszeit. Es täuscht den Hennen die
lange Tageslichtdauer der Frühjahrs-
und Sommertage, auch während der
dunklen Jahreszeit, vor.

Das Licht wirkt über das Auge auf
die Hypophyse (Hirnanhangdrüse)
und löst eine Ausschüttung von Hormonen aus, die ihrerseits die Eierstö-
cke zur Tätigkeit anregen. Eine vermehrte Futter- und Wasseraufnahme
ist die Folge der besseren Legeleistung.

Beleuchtungsplan		
		Beleuchtung aus an
Ab 15. August	5.00–5.30 Uhr
September	4.00–6.30 Uhr
Oktober	3.00–7.30 Uhr
November	2.00–8.30 Uhr
Dezember	1.30–9.00 Uhr
Januar	2.00–9.00 Uhr
Februar	3.00–8.00 Uhr
März	4.00–7.00 Uhr
Bis 15. April	5.00–6.00 Uhr

Man beginnt bei Legereife mit einem Lichttag von 10 bis 12 Stunden
und verlängert ihn wöchentlich um
etwa 15 bis 20 Minuten, bis man bei
16 Stunden Licht und 8 Stunden
Dunkelheit angekommen ist. Eine
Verlängerung über 16 Stunden hinaus
sollte nicht vorgenommen werden.
Jedes Lichtprogramm ist mit Hilfe
einer Schaltuhr, die man zweckmäßigerweise einmal pro Woche einstellt,
leicht durchzuführen. Besonders einfach ist die Handhabung eines Lichtprogramms in Dunkelställen.

Hier wird die Verlängerung des
„Lichttages" morgens oder abends an-
gehängt, gerade so, wie es am besten
in den allgemeinen Arbeitsablauf des
Betriebes passt und dem Alter der
Tiere entspricht. Etwas schwieriger
ist die Durchführung in Fensterställen.

Man sollte die Tageslichtmenge so
berechnen, dass die Hennen immer
mit der Dämmerung ihre Nachtruhe

beginnen können, um sich die zusätzliche Dämmerungsbeleuchtung zu sparen. Das bedeutet aber, dass die erforderliche, zusätzliche Beleuchtung in die frühen Morgenstunden vorverlegt wird. Zum Beispiel ist bei einer 14-stündigen Beleuchtungsdauer und einer abendlichen Dämmerung um 17.00 Uhr, um 3.00 Uhr morgens das Licht einzuschalten. Dabei ist zu beachten, dass bei abnehmender Tageslänge die Zeit morgens berücksichtigt wird, um die der Tag sich abends verkürzt.

Als Mittelwert kann in Fensterställen der Beleuchtungsplan in der Tabelle (links) Anhaltspunkte bieten. Die Angaben beziehen sich auf MEZ. Für die Sommerzeit muss im März und September eine Stunde zugegeben bzw. abgezogen werden.

Die Übergänge müssen, wie schon angeführt, allmählich mit 15 Minuten Schaltzeitänderung wöchentlich erfolgen. An dunklen und diesigen Tagen ist es empfehlenswert, das Licht auch tagsüber brennen zu lassen.

Wenn Legehennen bereits schon einige Zeit in Produktion sind, darf auf keinen Fall die Helligkeitsdauer verkürzt werden. Mauser und Einstellung der Legetätigkeit wären die Folge.

Störungen im Legerhythmus

Bei regelmäßigem Führen der Legeliste wird der Hennenhalter sofort aufmerksam, wenn die Eierzahl plötzlich geringer wird, und er weiß, dass irgend etwas nicht in Ordnung sein kann. Beispielsweise könnte die Wasserversorgung einmal ausgesetzt haben, oder aber eine Krankheit könnte

sich ankündigen. Er ist dann in der Lage, schnell Abhilfe zu schaffen.

Auch sommerliche Hitze, die über mehrere Tage anhält, kann einen Leistungsrückgang bewirken. Hier ist eine Vitamingabe zu empfehlen, die die Widerstandskraft im Tierkörper kräftigt. Von besonderem Wert ist dann das Vitamin C, das gegen Stress wirkt, und Hitze kann man als einen solchen bezeichnen.

Haben die Tiere Auslauf, ist für schattige Plätze zu sorgen. Falls keine Sträucher oder Hecken Schatten bieten, können mit geringen Mitteln Schattenspender hergestellt werden.

Werden die Hennen im Stall gehalten, ist für eine gute Lüftung zu sorgen, um die Temperatur optimal zu halten. Zugluft ist allerdings zu vermeiden.

Unerwünschte Brütigkeit

Gelegentlich gibt es Ärger mit unerwünschter Brütigkeit der Hennen. Sie tritt auch manchmal bei solchen Rassen auf, die an sich nicht zur Brütigkeit veranlagt sind.

Sollen aber Küken von einer Glucke ausgebrütet werden, ist eine frühe Glucke willkommen. Es ist ratsam, sie möglichst im März oder April zur Brut zu setzen, um die beste Aufzuchtzeit für die Küken auszunutzen. Hat man die Auswahl zwischen verschiedenen Glucken, so eignet sich ein mittelschweres Huhn am besten. Es ist zuverlässiger als leichte Hennen und bedeckt einige Eier mehr.

Wesentlich ist, dass die Brutlust der Hennen rechtzeitig erkannt wird. Man findet sie abends noch im Nest oder wird beim Eiersammeln durch ihr auf-

sässiges Benehmen und ihre Gluck-
laute auf sie aufmerksam. Sie sollten
nicht einfach tagelang im Nest gelassen werden, um so länger brauchen
sie zur Entwöhnung und fallen als Ei-
erlegerin aus.

Es gibt ein einfaches Mittel zur Entwöhnung. Die Glucke wird in einen
Entwöhnungskäfig gesetzt. Dieser besteht nur aus Draht oder Latten und
wird so aufgehängt, dass die Glucke
die anderen Hühner sehen kann. Die
Glucke findet in dem Käfig keine
warme Stelle und die Luft, die von unten an sie herankommt, wirkt abküh-
lend und nimmt ihr den Bruttrieb.
Gleichzeitig wird sie nur mit eiweiß-
reichem Futter (Legemehl) versorgt;
ausreichend Wasser ist selbstverständlich. Nach einigen Tagen hat sie die
Brutlust verloren und nimmt die Legetätigkeit wieder auf.

Vorzeitige Mauser

Auch vorzeitiges Mausern kann den
Legerhythmus unterbrechen. Als un-
angenehm wird die Halsmauser empfunden, die mit einer Legepause verbunden ist. Sie kann verschiedene
Ursachen haben, zum Beispiel Unruhe
im Stall, Futterumstellung, Wasser-
oder Lichtausfall. Das Mausern einzelner Tiere zu einer Zeit, in der die
gleich alten Hennen noch fleißig legen, deutet auf ein vorzeitiges Ermat-
ten des Tieres hin. So ist während der
ganzen Legezeit die Herde im Auge
zu behalten und Hennen, die nicht
mehr legen, sind auszusortieren, denn
sie drücken den Leistungsstand und
fressen nur, während andere lange
Legephasen haben und nur selten einmal aussetzen.

Gute und schlechte Legerinnen

Um die schlechten Legerinnen von den
guten zu unterscheiden, gibt es einige
recht hilfreiche Erkennungsmerkmale.
Wenn sie bekannt sind und noch ein
bisschen Erfahrung gewonnen wird,
kann diese Art der Sortierung dazu
beitragen, die Durchschnittsleistung
auf einem hohen Stand zu halten.
Dadurch ergeben sich auch, je nach
Größe des Bestandes, wöchentlich
oder ab und zu Schlachthennen, die
noch gut zu verwerten sind.

Das äußere Erscheinungsbild einer
Henne oder einer Herde lässt schon einige Rückschlüsse zu. Will man aber
einzelne schlechte Legerinnen aussor-
tieren, sollte man sie in die Hand nehmen und nach einzelnen Merkmalen
prüfen.

Der Legebauch ist die Körperpartie,
die von den Läufen zum Schwanz verläuft. Er soll groß und weich sein wie
ein Schwamm.

Zum einen wird der Abstand von
Legebeinspitze zu Legebeinspitze er-
tastet. Die Legebeine sollen dünn und
elastisch sein. Man findet sie unterhalb des Schwanzes, und sie sollen einen guten Abstand haben, sodass man
zwei oder drei Finger dazwischenle-
gen kann (das kommt auf die Dicke
der Finger und auf die Größe des
Huhnes an). Die Legebeinspitzen sollen möglichst gerade sein und nicht
nach innen weisen wie eine Zange.
Man bedenke, dass ja fast täglich ein
Ei hindurch muss.

Zum anderen spielt der Abstand Le-
gebein – Brustbeinspitze eine Rolle.
Dieser Abstand ist von Natur schon
mindestens einen Finger breiter, sodass bei einem dehnungsfähigen Lege-

Merkmale zur Unterscheidung von guten und schlechten Legehennen

	Gute Legehenne	Schlechte Legehenne
Kopf	rot, wenig befiedertes Gesicht Winkel zwischen Schnabelspitze und Kammansatz möglichst steil	blass, befiedert stumpfer Winkel (Krähenkopf)
Auge	lebhaft, aber zutraulich rund, hervorstehend. Iris: gelb bis orangebräunlich gefärbt Pupille: rund und scharf abgegrenzt	tief liegend, nervös oder stumpf. Iris verfärbt, streifig, blass oder grau Pupille: unscharf, gezackter Rand bis schlitzförmig
Kamm und Kehllappen	leuchtend rot, feine Struktur	blass und eingetrocknet oder sehr rot und fleischig (fette Hennen)
Schnabel	kräftig, kurz, leicht gebogen, gelb bei Junghennen, bei der Legehenne verblassend	lang, nach längerer Legeperiode noch gelb (= viele Pausen und Mauser)
Brust	fleischig, Brustknochen nur wenig fühlbar	mager, spitzer Brustknochen
Haut	zart, weich, hell ohne Fettpölsterchen	trocken, zäh, bläulich oder gelblich mit Fettpolstern
Läufe	breit stehend, Junghennen satt gelb, dann ab Legebeginn verblassend	x-beinig, eng, gelb
Rücken	lang und breit	kurz und schmal
After	feucht, weich, faltenlos, bläulich weiß	eng, trocken, gelb
Gefieder	Junghennen: glatt, glänzend Legehennen: rau, Schwanzfedern meist abgestoßen (Arbeitskleid)	Junghennen: stumpf, rau Legehennen: matt, struppig oder mauserig oder: glatt, glänzend (verfettete Henne, Sonntagskleid)
Legebauch	groß und elastisch, zarte, dehnungsfähige Haut	klein und zäh, harte Haut

Am Abstand zwischen Lege-
bein und Brust-
beinspitze ist
eine gute Legerin
zu erkennen.
Links: gute
Legerin, großer
Abstand, rechts:
schlechte Legerin,
kleiner Abstand.

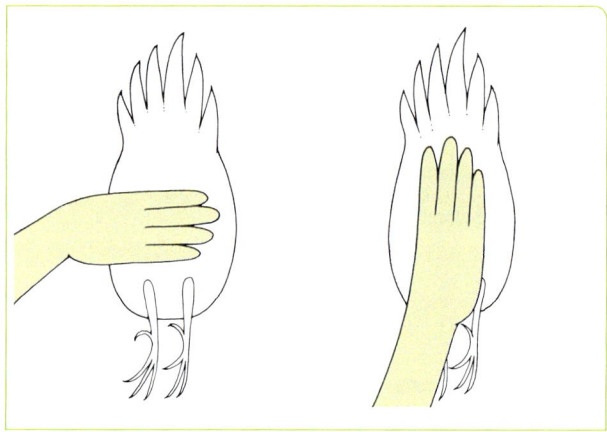

Messen des
Abstandes
zwischen Lege-
bein und Brust-
beinspitze (links)
und zwischen
den Legebeinen
(rechts).

bauch drei bis vier Finger dazwischen passen.

Stellt eine Henne das Legen ein, verändern sich die äußeren Merkmale. Auch der Legebauch wird enger und fester, und das blühende Aussehen lässt nach. Es sei denn, es handelt sich um „Blender", die prächtig aussehen,

rote Kämme und Kehllappen haben, gelbe Beine und glattes Gefieder, aber nie ein Ei legen. Der Legebauch ist klein und fest. Solche Tiere sind allerdings Ausnahmen.

Es liegt in der Entscheidung des Hühnerhalters, schlecht oder vorübergehend nicht legende Hennen weiter zu halten, oder zu schlachten. In der Regel ist es so, dass einzelne Tiere, die vorzeitig die Leistung einstellen, aussortiert werden. Wenn aber bei einem ganzen Bestand der Grund des Leistungsrückgangs bekannt ist und es sich nicht um die normale Mauser handelt, sollte die Ursache behoben und die Tiere zum Beispiel mit Vitaminen oder im Bedarfsfall mit Medikamenten behandelt werden. Manchmal ist es besser, den Bestand abzuschaffen und mit einer jungen Herde neu anzufangen.

Ab und zu kann es vorkommen, dawss doppeldottrige Eier gelegt werden. Vor allem bei Legebeginn tritt dies häufiger auf. Dies geschieht, wenn sich zwei Dotter gleichzeitig oder kurz nacheinander vom Eierstock lösen und im Eileiter zusammen von der Eiweißhülle und dann von der Schale umgeben werden. Bei anhaltendem Legen von Doppeleiern kann es zu Eileiterentzündung oder zu Eileitervorfall kommen. Die Hennen sind dann am schmutzigen Gefieder am After zu erkennen. Sie sollten getrennt von den anderen Tieren gehalten und eiweißarm gefüttert werden. In den meisten Fällen normalisiert sich die Eigröße von selbst wieder.

Fangen der Hennen

Das Herausfangen einzelner Hennen oder Fangen der ganzen Herde ist selbstverständlich mit Ruhe vorzunehmen, damit die Tiere nicht wild herumflattern und schreckhaft werden. Überhaupt sollte man sich im Umgang mit Hühnern ruhig bewegen und jede Hektik vermeiden, um sie nicht zu erschrecken.

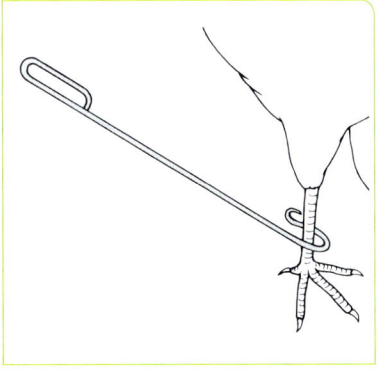

Mit dem Fanghaken werden einzelne Hennen aus der Herde gefangen.

Zum Fangen einzelner Tiere hat sich ein Fanghaken gut bewährt, mit dem das Huhn an einem Bein gefangen und langsam herangezogen wird. Um viele Tiere sortieren zu können, hat sich ein Fangrahmen bewährt, der aus mehreren beweglich miteinander verbundenen Drahtrahmen besteht. Mit ihm treibt man die Hennen am besten in einer Stallecke zusammen und kann sie dann einzeln herausnehmen. Dabei ist Vorsicht nötig, dass sich die Tiere nicht gegenseitig erdrücken.

Legende Hennen sind empfindlich und nehmen leicht Veränderungen und Stress übel, sie reagieren mit verminderter Legeleistung.

Die Brut

Voraussetzung für erfolgreiche Brutergebnisse ist die Qualität der Bruteier. Der Gesundheitszustand der Zuchttiere, begründet auf ordnungsgemäßer

Haltung und richtiger Fütterung, ist weitgehend ausschlaggebend. Für das befriedigende Befruchtungsergebnis ist das richtige Verhältnis der Anzahl Hahn zu Hennen einzuhalten.

Man rechnet:

- bei leichten Rassen
  1 Hahn für 10–12 Hennen
- bei mittelschweren Rassen
  1 Hahn für 8–10 Hennen
- bei schweren Rassen
  1 Hahn für 6–8 Hennen

Zur Brut verwendet man nur frische und saubere Eier mit normaler, unverletzter Schale und einem Durchschnittsgewicht von 55 bis 65 g. Sie sollten nicht älter als 8 bis 10 Tage sein, weil sonst die Schlupffähigkeit der Eier nachlässt.

Sollen sie länger als 7 Tage aufbewahrt werden, bis die genügende Anzahl Bruteier beisammen ist, müssen sie einmal am Tag gewendet werden. Das kann in der Weise geschehen, dass man die Eierhorden, auf denen die Bruteier mit der Spitze nach unten aufgestellt sind, durch Unterlegen zur Seite kippt und am nächsten Tag die Seite wechselt. Die günstigste Lagertemperatur liegt bei 10 bis 15 °C und bei ungefähr 70 % rel. Luftfeuchtigkeit. Man unterscheidet zwei Arten der Brut:

- die natürliche Brut,
- die künstliche Brut.

Die Qualität der Küken ist nicht von der Art des Brütens abhängig.

Die natürliche Brut

Wer sich der Natur verbunden fühlt und Freude an führenden Glucken mit Küken hat, außerdem zur Bestandserneuerung keine größeren Zahlen an

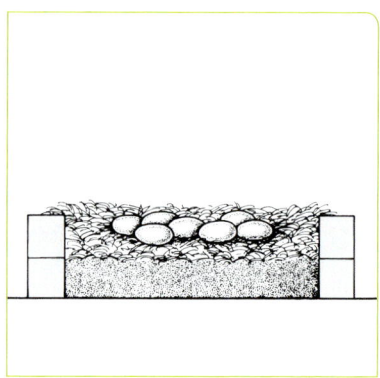

Brutnest zwischen Ziegelsteinen oder Brettern.

Jungtieren benötigt, kann sich der natürlichen Brut bedienen. Ebenso werden Rassegeflügelzüchter, die ihre Tiere aus Freude an Form und Farbe halten und meistens nur kleine Kükenzahlen brauchen, teilweise die Naturbrut durchführen.

Die Glucke

Voraussetzung ist das Vorhandensein einer Glucke zur rechten Zeit. Am besten eignen sich Tiere der mittelschweren und schweren Rassen. Leichte Hühnerrassen sind wegen ihrer Unruhe und ungenügenden Ausdauer meistens nicht zuverlässig genug.

Das Brutnest sollte in einem gesonderten Raum vorbereitet werden und gut mit Heu oder Stroh ausgepolstert sein.

Oben: Nach 21 Tagen ist es soweit: Das Küken pickt die Eischale an. Dann dauert es noch einige Stunden, bis es schlüpft.

Unten: Ganz gleichmäßig schlüpfen die Küken nicht aus den Eiern. Manchmal hat es eines schon früher geschafft.

Rechte Seite oben: Die Küken haben die Schalen verlassen, sie sind noch feucht und von der Anstrengung erschöpft.

Rechte Seite unten: Die Küken sind nun trocken und quicklebendig. Küken sind Nestflüchter, sie werden schon bald das Nest verlassen.

Die natürliche Brut sollte im zeitigen Frühjahr stattfinden, damit die Küken im April schlüpfen und bei gutem Wetter ins erste Grün gelassen werden können. Sie kommen dann etwa zur Legereife, wenn die alten Hennen mausern und sichern den Eieranfall während dieser Zeit.

Das Nest

Zum Nestbau sollte man einen Raum wählen, der vom eigentlichen Geflügelstall getrennt ist, um Unruhe zu vermeiden. Die Glucke soll einen ruhigen Platz zum Brüten haben, möglichst im Halbdunkel und zu ebener Erde, wenn möglich in einer Ecke. Die Größe des Nestes muss auf die Größe der Glucke abgestimmt sein. Man errichtet aus Mauersteinen eine Umrandung und füllt das Nest am besten mit frischen Grassoden oder feuchter Erde und formt daraus eine flache Mulde. Darauf kommt noch Heu als Einstreu. Das Nest soll so beschaffen sein, dass die Eier nicht herausrollen können, aber auch nicht so tief sein, dass die Eier übereinander liegen.

Brutdauer

Nachdem man die Glucke einige Tage auf Porzellaneiern geprüft hat und anzunehmen ist, dass sie fest sitzt, kann sie auf die vorgesehenen Bruteier gesetzt werden. Vorher sollte sie aber mit Insektenpuder eingepudert werden, um sicher zu sein, dass sie kein Ungeziefer hat; es würde der Henne bei ihrem Brutgeschäft sehr lästig werden. Die Abenddämmerung ist die beste Zeit, die Glucke auf das vorbereitete Nest zu bringen. Nach einiger Zeit sollte nochmals nachgesehen werden, ob sie die Eier gut bedeckt. Eine Hühnerglucke kann, je nach Größe, 12 bis 15 Hühnereier, 9 bis 11 Enteneier oder 4 bis 6 Gänseeier ausbrüten.

Die Brutdauer beträgt bei:
– Hühnereiern   21 Tage.
– Enteneiern   28 Tage.
– Eiern von Warzenenten   35 Tage.
– Gänseeiern   30–32 Tage.

Einmal am Tag muss die Glucke das Nest verlassen, um Wasser und Futter, am besten Körner, aufzunehmen und sich zu entleeren. Wenn sie nicht von selbst aufsteht, muss sie vom Nest genommen werden. Das hat vorsichtig zu geschehen, damit keine Eier zerbrechen, denn manchmal sind Glucken recht ungebärdig. Das Verlassen des Brutnestes ist auch deshalb so wichtig, weil die Bruteier kühlen sollen und dabei frische, sauerstoffreiche Luft zugeführt wird.

Es ist interessant zu beobachten, wie vorsichtig die meisten Glucken wieder auf ihr Nest steigen und sorgsam die Eier bedecken und mit dem Schnabel zurechtrücken. Bei dieser Gelegenheit werden die Eier in eine andere Lage gebracht, bei der künstlichen Brut bezeichnet man das als Wenden. Dieser Vorgang ist notwendig, um ein Festkleben des Embryos an der Schale zu vermeiden. Die zur Brut nötige Feuchtigkeit wird aus der Grassode abgegeben.

Die Eier können am 6. oder 7. Tag durchleuchtet und die unbefruchteten herausgenommen werden. Notwendig ist das nicht; oft werfen die Glucken nach einiger Zeit von selbst die Eier aus dem Nest, in denen kein Leben ist.

Schlupf

Bei ruhigen Glucken wird der Schlupf der Küken ohne Aufregung vonstatten gehen. Trotzdem ist es ratsam, den Vorgang zu beobachten, aber nicht einzugreifen, wenn keine Veranlassung dazu besteht. Lebensfähige Küken schlüpfen allein.

Mit dem „Eizahn", der sich oberhalb des Schnabels befindet und später abfällt, befreit sich das Küken aus der Schale. Der Schlupfvorgang läuft in etwa folgendermaßen ab: Das Küken dreht sich mit Hilfe der Beine im Ei und bricht mit dem Eizahn die durch die Brut mürbe gewordene

Schale rundum auf, bis es die Eikappe abheben und sich aus dem Ei befreien kann. Das Aufbrechen der Eischale dauert 6 bis 12 Stunden. Schon zu dieser Zeit piepen die Küken und hören auf die Locklaute der Glucke. Ermattet ein Küken vorzeitig oder ist es durch Vererbung oder Brutfehler geschwächt, trocknet die Eihaut aus und wird hart und lederartig, das Küken kann nicht mehr schlüpfen und bleibt im Ei stecken.

Kurz vor dem Schlupf wird der Dottersack eingezogen und bietet dem Küken für die ersten 48 Stunden eine Energiereserve. Erst nach vollkommener Trocknung der Küken sollte sich der Geflügelhalter dem Nest zuwenden und es von Eierschalen und nicht geschlüpften Eiern befreien.

Küken beisetzen

Ist der Schlupf nicht so gut ausgefallen wie erhofft, oder will man einige Küken mehr aufziehen, können der Glucke am ersten oder zweiten Tag problemlos noch zusätzlich Küken beigesetzt werden. Voraussetzung ist jedoch, dass gleichzeitig geschlüpfte Küken irgendwoher zur Verfügung stehen. Der günstigste Zeitpunkt zum Untersetzen ist wieder die Abendzeit. Auf diese Weise haben die neuen Küken Zeit, sich über Nacht an die Glucke zu gewöhnen.

Eine Hühnerglucke kann im zeitigen Frühjahr 15 bis 20 Küken, im Sommer bis zu 30 Küken führen.

Die künstliche Brut

Die künstliche Brut hat den Vorteil, dass eine unbegrenzte Anzahl von Eiern zu jeder Zeit ausgebrütet werden kann. Mit dem Zeitpunkt des Schlupfes kann auch Einfluss auf den zeitlichen Ablauf der Eierproduktion genommen werden. Die künstliche Brut wird mit Brutmaschinen durchgeführt, die im Wesentlichen in zwei Gruppen zu unterteilen sind, Flächenbrüter, bei denen die Eier nebeneinander in einer Ebene liegen und Schrankbrüter, in

Brut von Hühnereiern in der Brutmaschine		
	Vorbrut	**Schlupfbrut**
Brutdauer 21 Tage	1.–17. Tag	18.–21. Tag
Temperatur	37,8 °C	37,0 °C
rel. Feuchtigkeit	60 %	80 % (20.–21. Tag)
Wenden	mind. zweimal tägl. und öfter	–
Eier auf Horden	Luftblase nach oben	flach nebeneinander
Schieren	6. und 17. Tag	bei der Umlage am 17. oder 18. Tag
Stromverbrauch	ca. 0,12 kWh insgesamt	

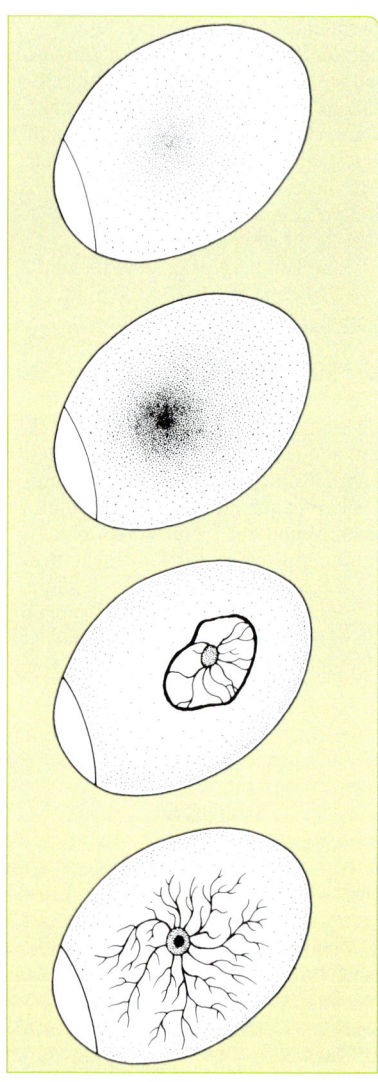

denen die Eier auf Horden übereinander aufgestellt sind.

Flächenbrüter
Sie sind für eine kleinere Anzahl Bruteier geeignet, etwa von 20 Stück an aufwärts. Die Brutbedingungen stehen hierbei der natürlichen Brut näher als im Schrankbrüter. Ein Temperaturgefälle von Eioberkante zur Eiunterkante entspricht etwa dem der Naturbrut. Besonders bewährt haben sich Flächenbrüter für die Erbrütung von Wassergeflügel und als Schlupfbrüter.

Schrankbrüter
Es gibt verschiedene Größen und Bauweisen, von etwa 250 bis zu einigen zehn- oder hunderttausend Eiern Fassungsvermögen. Für kleinere und mittlere Partien Eier eignen sich kombinierte Brüter, in denen die Eier vorgebrütet werden und, nach der Umlage in den Schlupfraum – der sich meistens im unteren Teil des Apparates befindet –, die Küken auch schlüpfen. Es gibt Fabrikate, die den Schlupfraum völlig von der Vorbrut trennen und Vorbrüter und Schlupfbrüter gesondert bauen. Für die kleinere Hühnerhaltung dürften diese speziellen Brutmaschinen kaum infrage kommen.

Ablauf der Brut
Was bei der Kunstbrut zu beachten ist, hängt vom Typ der Brutmaschine ab. Man muss sich dabei nach den Betriebsvorschriften des Herstellers

Beim Schieren von Bruteiern nach 6 Tagen Bebrütung können sich diese Bilder ergeben: Klares, unbefruchtetes Ei; Ei mit wolkigem Inhalt (es ist schlecht); Ei mit Blutring (der Embryo ist abgestorben, es muss ausgeschieden werden); befruchtetes Ei mit lebendem Embryo.

richten. Die wichtigsten Hinweise enthält die Tabelle Seite 57.

Ein geeigneter Raum für die Aufnahme der Brutmaschine sollte zur Verfügung stehen. Meistens bietet sich ein Kellerraum an, der zudem genügend Feuchtigkeit aufweist. Ungeeignet sind zu trockene und von der Sonne stark eingestrahlte Räume. Der Brutraum sollte gut zu lüften und an Schlupftagen zu heizen, im übrigen ziemlich gleichbleibend temperiert sein.

Vor Brutbeginn wird der Apparat einer gründlichen Reinigung und Desinfektion unterzogen und ein paar Tage zur Probe eingeschaltet. Arbeitet er einwandfrei und ist die Temperatur gleichmäßig, können die Bruteier eingelegt werden.

Nach dem Einlegen der Eier wird die erforderliche Temperatur von 37,8 °C einige Zeit nicht erreicht werden. Das erklärt sich durch die zunächst noch niedrige Temperatur der Eier und durch das längere Öffnen der Tür, durch die erwärmte Luft aus dem Apparat entwichen ist. Je nach Größe des Gerätes wird die Temperatur nach einiger Zeit wieder erreicht. Es wäre falsch, die Heizung für diese kurze Übergangszeit höher einzustellen, damit wäre die Einregulierung vorher umsonst gewesen.

Das Wenden der Bruteier in der Maschine geht in der Regel automatisch vor sich. Bei älteren Flächenbrütern kann es sein, dass das noch von Hand vorgenommen werden muss. Dies sollte wenigstens zwei- bis dreimal am Tag erfolgen, um zu verhindern, dass der Keim an der Schale festklebt und das werdende Küken abstirbt.

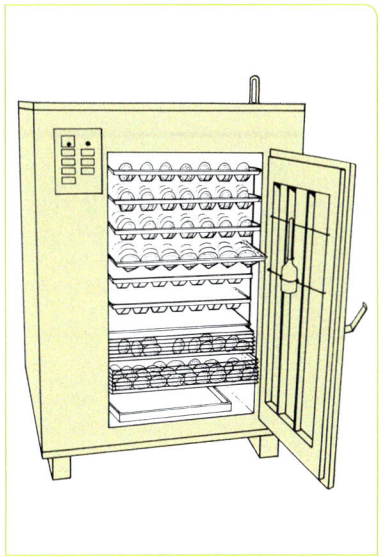

Oben: Schrankbrüter als Kombination. Vorbrutraum.
Unten: Schlupfraum mit Wasserpfanne. Flächenbrüter, für Vorbrut und Schlupfbrut, auch für Wassergeflügel geeignet.

Am 6. Tag werden die Bruteier geschiert, d. h. sie werden durchleuchtet. Mit einer Schierlampe wird jedes Ei von unten beleuchtet. Unbefruchtete Eier sind vollkommen klar und durchsichtig. Sie können im Haushalt unbedenklich zum Backen gebraucht werden, sie sind einwandfrei. Befruchtete Eier zeigen beim Durchleuchten im Innern die Gestalt einer Spinne und wirken etwas rötlich. Bei abgestorbenen Embryonen ist für den Anfänger das Erkennen etwas schwieriger. Hier fehlt das feine Äderchennetz, es zeigt sich meistens nur ein dunkler Fleck. Abgestorbene Eier sollten unbedingt aussortiert werden. Durch die anhaltende Wärmeeinwirkung werden sie faul und können platzen, der Inhalt wird auf andere Eier und im Schrankinneren verteilt (s. Abb. Seite 58).

Nach 17 Tagen, vor der Umlage der Bruteier in das Schlupfabteil, werden sie nochmals durchleuchtet, um abgestorbene Embryonen auszuscheiden. Bei einem normalen Brutverlauf darf ihre Anzahl nur noch gering sein.

Am 20. Tag ist der größte Teil der Bruteier angepickt. Der Brutapparat sollte aber geschlossen bleiben, bis der Schlupf beendet ist, um unnötigen Wärme- und Feuchtigkeitsverlust auszuschließen. Am Morgen des 21. Tages werden die Schlupfhorden herausgenommen, die leeren Eierschalen entfernt, und die trockenen Küken können in Kükenkartons gesetzt werden.

Es kann vorkommen, dass es einige Nachzügler gibt, die aus älteren Eiern schlüpfen. Diesen sollte man die Chance geben, noch ausschlüpfen zu können. Es kann auch sein, dass sich eine leere Schale über ein anderes Ei stülpt und das Küken darin am Schlüpfen behindert. Diese muss natürlich entfernt werden. Leichte Hilfeleistung ist angebracht, wenn ein Küken schon ein Loch gepickt hat und nicht weiterkommt. Aber vorsichtig vorgehen, um es nicht zu verletzen, es könnte leicht verbluten. Bis zum Abend des 21. Tages sollten alle lebensfähigen Küken geschlüpft sein. Der Rest wird ausgeräumt und die steckengebliebenen und schwachen Küken werden sofort getötet. Man sollte nicht versuchen, auch noch die Tierchen zur Entwicklung zu bringen, die von Natur schon zum Untergang bestimmt sind.

Die Schlupfergebnisse hängen eng von dem gesundheitlichen und züchterischen Stand der Zuchttiere ab, von denen die Bruteier stammen. Nach dem Schlupf wird die Brutmaschine gründlich gesäubert und desinfiziert und für die nächste Schlupfbrut vorbereitet.

Aufzucht

An die Brut schließt sich die Aufzucht der Küken an. Sie gliedert sich in zwei Lebensabschnitte:
1. die Kükenaufzucht von der 1. bis zur 8. Lebenswoche
2. die Junghennenhaltung von der 9. bis zur 20. Lebenswoche.

Die beiden Abschnitte unterscheiden sich durch die zunächst große Sorgfalt, die man den kleinen Küken in Bezug auf genügend Wärme und richtige Nahrungsaufnahme angedeihen lässt und die spätere Wachstumsperiode, in der die jungen Tiere nicht mehr so empfindlich sind und allmählich zu leistungsfähigen Legehennen heranreifen sollen.

Die natürliche Kükenaufzucht

Küken sind Nestflüchter. Es ist zweckmäßig, kleine Trinkgefäße und Futtertröge oder -brettchen in der Nähe des Nestes aufzustellen. Die Glucke und die Küken sollten nicht mit anderen Hühnern zusammen in einem Stall gehalten werden. Schon wegen der Krankheitsübertragungen ist es wichtig, sie getrennt unterzubringen.

Der Raum sollte sicher gegen eindringende Tiere sein. Häufig treten Verluste durch Ratten, Wiesel und Iltis ein. Eine gute Glucke achtet vorbildlich auf ihre Küken, verteidigt sie auch gegen Angreifer und führt sie behutsam im Auslauf.

Küken sollten immer nur frischen, von Althennen unbelaufenen Auslauf zur Verfügung haben zur Vermeidung von Infektionskrankheiten. Ein kleiner, mit frischem Gras bewachsener Auslauf, getrennt von dem des übrigen Geflügels, ist für die ersten Wochen ideal.

Bei schlechtem Wetter ist die Nachzucht im Stall zu halten. Nasses Gras ist der Gesundheit der Küken abträglich, auch wenn sie sich bei der Glucke wieder aufwärmen und trocknen können. Die Risiken und Verluste werden bei der natürlichen Aufzucht oft unterschätzt und als unvermeidbar hingenommen. Trotzdem ist Sorgfalt hier besonders angebracht. Der natürliche Instinkt der Glucken ist von Tier zu Tier unterschiedlich. Schlechte Glucken sind oft nervös, sie treten die Kü-

Der erste Ausflug ins Grüne kann bei gutem Wetter schon bald erfolgen.

Zum Aufwärmen gehen die Küken immer wieder zur Glucke.

ken, führen sie morgens ins taunasse Gras, waten mit ihnen durch Pfützen und unternehmen zu weite Märsche und ermüden sie dadurch.

Die Fütterung der Küken erfolgt auf die gleiche Weise wie bei der künstlichen Aufzucht, nur sollte darauf geachtet werden, dass die Glucke nicht das teuere Kükenaufzuchtfutter frisst. Sie sollte Körner erhalten, damit sie den Gewichtsverlust, der durch die lange Brutzeit eingetreten ist, wieder aufholen kann. Nach 6 bis 8 Wochen sind die Küken soweit entwickelt und selbstständig, dass sie die Glucke nicht mehr brauchen.

Die künstliche Kükenaufzucht

Die künstliche Aufzucht ist unabhängig von der Jahreszeit, und die Zahl der Küken ist nicht durch die Anzahl der vorhandenen Glucken eingeschränkt. Zudem entfällt der größere Zeitaufwand, der mit der Versorgung und Beaufsichtigung kleiner Tiergruppen verbunden ist. Die Benutzung von künstlichen Wärmequellen und Zusammenfassung größerer Kükenpartien, die schnell und bequem zu versorgen sind, die Trennung von den Alttieren und damit eine bessere Hygiene – das sind alles Vorteile, die dazu geführt haben, dass sich die künstliche Aufzucht fast überall durchgesetzt hat.

Wird eine Partie Küken zur Aufzucht gekauft, ist es üblich, nur Hennenküken von der Brüterei zu beziehen. Gleich nach dem Schlüpfen werden die weiblichen von den männlichen Küken getrennt. Die Hennenküken werden aufgezogen, die Hahnenküken getötet. Hähne der Lege-

rassen eignen sich nicht zur Aufzucht, wenn sie nicht zur Zucht vorgesehen sind. Die Absicht, sie als Schlachthähnchen mit aufzuziehen, lohnt nicht, weil der Fleischansatz unbefriedigend und der Futterverbrauch viel zu hoch ist. Als Schlachtgeflügel sind andere Rassen besser geeignet (siehe unter Jungmastgeflügel).

Der Aufzuchtstall

Bevor die Küken in den Aufzuchtstall eingesetzt werden können, sind einige grundsätzliche Punkte zu beachten. Der Stall soll schon einige Tage vor Ankunft der Küken vorbereitet sein, es ist zu spät, damit anzufangen, wenn die Küken bereits da sind.

Der Stall muss gründlich gereinigt und desinfiziert sein. Die Einstreu soll ebenfalls schon einige Tage zuvor eingebracht werden. Geeignet sind Hobelspäne oder Häcksel in nicht zu dünner Auflage, mindestens 10 cm. Die Streu soll nach Möglichkeit ohne Zwischenreinigung bis zur 20. Woche im Stall bleiben. Dies ist bei gutem Raumklima und ohne Überbesatz möglich. Torfmull ist wegen zu starker Staubentwicklung ungeeignet.

Je nach Zahl der aufzuziehenden Küken kommen verschiedene Wärmequellen infrage. Infrarotstrahler mit 150 Watt für etwa bis zu 50 Küken. Verschiedene Elektrostrahler mit Heizstäben, schaltbar in 3 bis 5 Stufen von 250 bis 1250 Watt für 100 bis 200 Küken. Schirmglucken finden nur noch selten Verwendung.

Der besseren Übersichtlichkeit und des geringeren Arbeitsaufwandes wegen sind Elektro- oder Gasstrahler vorzuziehen. Sie werden etwa 60 cm über

Noch drängen sich die Küken dicht zusammen. Alles ist so neu. Futter und Wasser müssen erst gefunden werden.

dem Boden angebracht, die Temperatur sollte im Bestrahlungsfeld 32 °C betragen. Später, wenn die Wärme herabgesetzt werden soll, können die Strahler stufenweise abgeschaltet werden oder die Wärme wird durch Höherhängen reguliert.

Etwa zwei Tage vor dem Einsetzen der Küken ist der Aufzuchtstall zu beheizen, sodass die Küken sofort eine wohlige Wärme von unten und oben empfangen.

Die Küken brauchen unter dem Strahler oder der Schirmglucke folgende Temperaturen:

1. Lebenswoche 30–32 °C
2. Lebenswoche 30–28 °C
3. Lebenswoche 28–25 °C
4. Lebenswoche 25–23 °C
5. Lebenswoche 23–18 °C

Die angegebenen Temperaturen sind nur Anhaltspunkte. Ein sicheres Anzeichen, dass die richtige Wärme unter dem Strahler herrscht und die Küken sich dort wohlfühlen, ist die Art, wie sie sich dort verhalten. Ist es ihnen zu warm, liegen sie vom Strahler entfernt, ist es zu kalt, drängen sie sich direkt unter der Wärmequelle zusammen und piepen schrill und ausdauernd. Sie sollen abends in einem Ring um den Strahler liegen mit vorgestrecktem Kopf.

Kükenring

Ein Kükenring, aus hochkantgestellten Hartfaserplatten oder dicker Wellpappe unter dem Strahler errichtet, hält die Küken in Reichweite der Wärmequelle und verhindert Zugluft.

Der Durchmesser sollte so groß sein, dass Tröge und Tränken in ausreichender Zahl sternförmig um den Strahler, der in der Mitte hängt, aufgestellt werden können, und die Küken sich ungehindert bewegen können. Die Höhe des Ringes soll etwa 60 cm betragen. Nach 10 bis 14 Tagen kann der Kükenring entfernt und den jungen Tieren der ganze Stall zur Verfügung gestellt werden. Die Ecken sollten auf jeden Fall abgerundet werden, um zu verhindern, dass die Tiere sich erdrücken.

Schon bald zeigen die Flügel die ersten Federn, und im Alter von 3 bis 4 Wochen, je nach Rasse, sind die Küken fast voll befiedert. Die erste Mauser findet im Alter von 8 Wochen statt. Die Dauerbefiederung erhalten sie in der 14. Woche. Danach setzt das Breitenwachstum der Tiere ein. Mit der Legereife sollte bei leichten Rassen ein Gewicht von 1,3 bis 1,4 kg und bei mittelschweren Tieren von 1,4 bis 1,5 kg erreicht werden. Bei Rassegeflügel gelten andere Gewichte, den Rassen entsprechend.

Beleuchtung

Die Beleuchtung der Küken sollte in den ersten Nächten durchgehend angeschaltet bleiben, damit die Tierchen das Futter besser finden und sich eingewöhnen können. Wird es nach zwei oder drei Tagen gelöscht, kann es sein, dass sie aufgeregt piepen; sie beruhigen sich aber schnell, wenn sie die

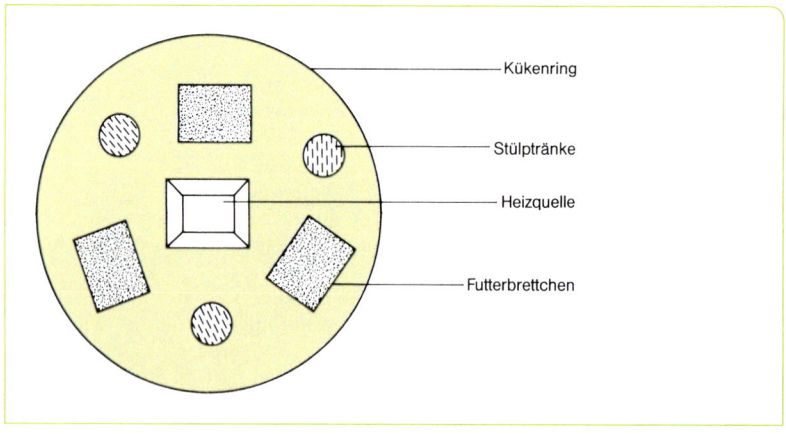

Anordnung der Geräte im Kükenring.

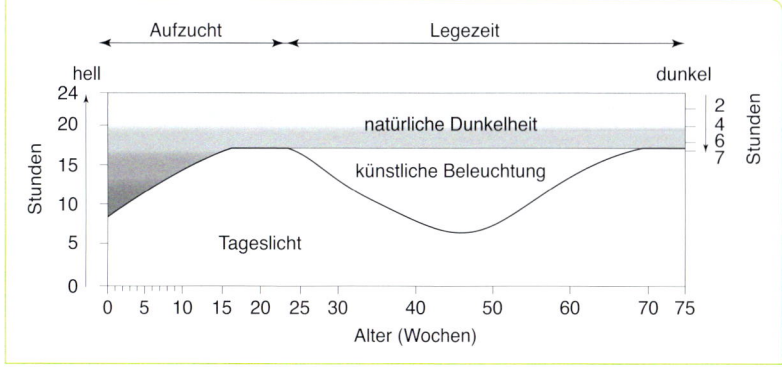

Schematische Darstellung des Lichtprogramms mit stufenweisem Abbau der Beleuchtungsdauer in der Aufzucht und zunehmender künstlicher Beleuchtung in der Legezeit für Fensterställe am Beispiel: Schlupftermin der Küken 1. März.

Wärmequelle gefunden haben. Es ist ratsam, zunächst dabeizubleiben und die verirrten Küken in die Nähe des Strahlers zu bringen.

Die Beleuchtungszeit sollte von anfangs 24 Stunden langsam zurückgeführt werden. In Dunkelställen ist diese Maßnahme leicht durchzuführen, weil mit Hilfe einer Schaltuhr die Beleuchtungszeit gut zu regeln ist. Nach den ersten Tagen geht man von 24 Stunden sofort auf 18 bis 20 Stunden zurück, dann wird wöchentlich eine Stunde weniger beleuchtet bis ein „Lichttag" von 8 bis 10 Stunden erreicht ist. Diese Tageslänge bleibt bis zur 18. Woche. Dann wird der Tag wieder um wöchentlich eine halbe Stunde verlängert, bis zu 14 Stunden in der 37. Woche.

Es gibt verschiedene Lichtprogramme, die in der Beleuchtungsdauer während der einzelnen Aufzuchtwochen variieren können. Sie verfolgen aber alle den einen Zweck, die Legereife der Junghennen bis zur 22. oder 24. Woche hinauszuzögern. Die jungen Tiere sollen Zeit haben, sich voll zu entwickeln, bevor sie das erste Ei legen. Frühreife Junghennen legen lange kleine Eier und sind weniger widerstandsfähig.

Bei Frühjahrsbruten, die in Ställen mit Fenstern aufgezogen werden, ist eine stete Abnahme der „Lichttage" nicht durchzuführen, weil die Tageslänge bis Ende Juni zunimmt.

Beginnen die Junghennen während der langen Tage zu legen, muss für die gesamte Legezeit die Beleuchtungsdauer auf diesem Niveau gehalten werden. Anderenfalls ist eine Mauser nicht zu verhindern, die mit einer mehrwöchigen Legepause einhergeht.

Es ist also empfehlenswert, auch in Ställen mit Fenstern eine Lichtquelle und eine Schaltuhr zu installieren, um so den Hühnern auch im Winter einen

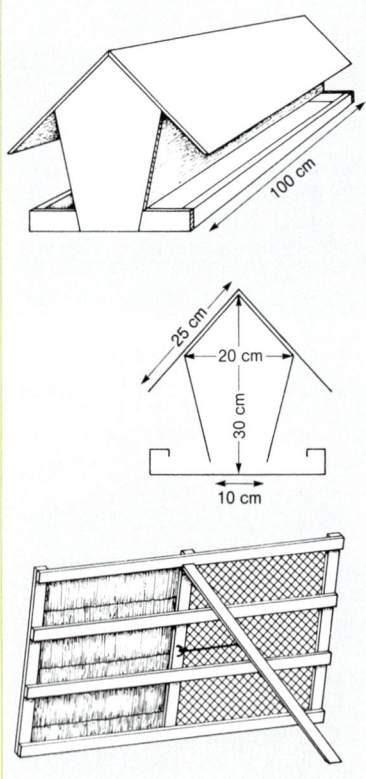

Oben: Futtergefäße für die Kükenaufzucht: 2-Liter-Kükenstülptränke, Kükentrog und Futterbrettchen.

Unten: Futterautomat für den Auslauf, einfach selbst zu bauen. Über das vorstehende Dach läuft der Regen ab.
Einfacher Wind- und Sonnenschutz. Holzrahmen mit Maschendraht, darüber Stroh oder eine Rohrmatte.

langen „Lichttag" vermitteln zu können und sie so auf ihrer Legeleistung zu halten. Ohne diesen Trick würde der Eiersegen versiegen und erst im Frühjahr bei länger werdendem Tageslicht wieder einsetzen.

Zweckmäßig ist es, den Tag in den frühen Morgenstunden zu verlängern, sodass die Hennen mit der Abenddämmerung die Sitzstangen aufsuchen können. Das bedeutet, um einen 14-Stundentag zu erreichen, wenn es abends um 17 Uhr dunkel wird, ist die Schaltuhr auf 3 Uhr morgens einzustellen, gegebenenfalls früher oder später. Das setzt voraus, dass man sich wenigstens jede zweite Woche um eine neue Einstellzeit kümmern muss.

So erfolgt der Versand der Eintagsküken: In jeder Hälfte des Kartons finden 25 Küken Platz. Die Ecken müssen ausgepolstert werden, damit die Tiere sich nicht erdrücken.

Fütterung der Küken

Futter- und Trinkgefäße werden strahlenförmig in den Ring gestellt. So finden die Küken schnell Futter und Wasser. Geeignet sind zunächst Stülptränken aus Plastik, die auf flache Brettchen oder Pappe gestellt werden, um die Einstreu trocken zu halten. Das Wasser sollte in den ersten Tagen lauwarm sein. Die Tränken sind täglich zu säubern. Der Wasserbedarf pro Küken beträgt in der 1. und 2. Woche etwa 20 bis 25 g täglich, in der 3. bis 5. Woche ist es die doppelte bis dreifache Menge.

Bewährt hat sich das Ausstreuen von Futter auf Eierhorden oder Futterbrettchen für die ersten Lebenstage, bevor man allmählich zur Trogfütterung übergeht.

Für die ersten acht Wochen hat sich ein Alleinfutter für Hühnerküken bewährt. Es zeichnet sich durch einen dem Wachstum entsprechenden Eiweißgehalt von etwa 18 % Rohprotein aus und versorgt die Küken mit genügend Vitaminen und Wirkstoffen. Dadurch werden Aufzuchtverluste in den ersten Lebenswochen auf einem Minimum gehalten. Durch kokzidiosehemmende Zusätze (Kokzidiose = rote Kükenruhr) sind die Küken gegen diese Krankheit, die große Verluste hervorrufen kann, weitestgehend geschützt.

Eine andere Möglichkeit ist die Verfütterung von Kükenstarter während der ersten 10 bis 14 Tage, um den Küken durch ein besonders energiereiches Futter einen guten Start ins Leben zu geben. Es werden pro Küken etwa 100 bis 150 g Starterfutter gerechnet. Danach wird allmählich über zwei bis drei Tage auf Kükenaufzuchtfutter umgestellt.

Kleine Küken sollten mit granuliertem Futter gefüttert werden, sie können es besser fressen als Mehlfutter, denn Hühner sind nun einmal Körnerfresser, außerdem ist es sparsamer im Verbrauch.

Eine andere Möglichkeit ist die kombinierte Fütterung. Zum Aufzuchtfutter wird Kükengrütze gefüttert, die sich aus verschiedenen Getreidearten in gebrochener Form zusammensetzt.

Besonders gern fressen Küken schon Weichfutter. Wer den Mehraufwand an Arbeit nicht scheut, kann aus zerkleinerten Brennnesseln oder anderem Grün ein mit Aufzuchtmehl vermengtes Weichfutter herstellen. Zu beachten ist dabei, dass genügend Trogfläche vorhanden ist, damit alle Küken gleichzeitig fressen können, und das Weichfutter in etwa 20 Minuten gefressen ist, um ein Säuern zu verhindern. Saures Futter führt zu Darmstörungen und Durchfall.

Der gesamte Futterverbrauch pro Küken liegt in der Aufzuchtperiode von der 1. bis 8. Lebenswoche bei etwa 1,8 bis 2 kg.

Kükenauslauf

Soll den Küken Auslauf gegeben werden, können sie bei gutem, trockenem Wetter nach 2 bis 3 Wochen stundenweise nach draußen gelassen werden. Zu beachten ist, dass sie nicht in nasses Gras auslaufen dürfen, bevor sie voll befiedert sind. Je Küken rechnet man eine Fläche von 1 bis 2 m². Anfangs ist darauf zu achten, dass alle Tiere abends wieder in den Stall kommen, bis sie sich angewöhnen, allein dorthin zu finden.

Ideal ist ein Auslauf, der mit Sträuchern oder Bäumen bewachsen ist und den Küken dadurch Schutz vor Greifvögeln, Wind und zu starker Sonneneinstrahlung bietet. Wenn nicht, kann auch ein künstlicher, selbst hergestellter Sonnenschutz gute Dienste tun. Schon die Küken suchen sich im Auslauf Plätze mit lockerer Erde oder Sand, die sich für ein Sandbad eignen und die sie eifrig benutzen.

Die Aufzucht der Junghennen

Nach acht Wochen ist die eigentliche Aufzuchtzeit beendet, die Küken sind nun widerstandsfähig und wachsen allmählich zu Hennen heran, die in der Regel mit der 22. bis 24. Woche ihre Legereife erreichen.

Statt des Aufzuchtfutters bekommen die Tiere nun Junghennenfutter, das diesem Wachstumsstadium in seiner Zusammensetzung entspricht. Die Umstellung sollte langsam erfolgen. Auch Junghennenfutter kann als Alleinfutter oder in kombinierter Form mit Körnern gegeben werden. Es ist jedoch zu empfehlen, die Fütterung in der gleichen Art fortzuführen wie sie bei den Küken schon begonnen hat und später bei den Legehennen fortgesetzt werden soll.

Die Beschäftigung der Tiere durch Scharren und Suchen nach den ausgestreuten Körnern kann dem Federpicken vorbeugen. Das Junghennenmehl sollte zur freien Verfügung bereitstehen, und die Körnergabe zusätzlich verabreicht werden.

Pro Woche sind etwa folgende Körnermengen je Tier und Tag zu füttern:

9. Woche 5 g	10. Woche 10 g
11. Woche 15 g	12. Woche 20 g
13. Woche 25 g	14. Woche 30 g
15. Woche 30 g	16. Woche 35 g
17. Woche 35 g	18. Woche 40 g
19. Woche 40 g	20. Woche 45 g

In der Junghennenzeit können Küchen- und Gartenabfälle verfüttert werden. Bevorzugt werden sie als Weichfutter von den Tieren aufgenommen, wobei wieder auf ausreichende Trogfläche und schnellen Verzehr zu achten ist. Man sollte immer nur so viel Weichfutter anrühren, wie in etwa einer halben Stunde gefressen wird.

Der Futterverbrauch in der Junghennenzeit beträgt bei Junghennenalleinfutter etwa 8 kg, bei kombinierter Fütterung etwa 5 kg Junghennenmehl und 3 kg Körner.

Wichtig ist, dass immer reichlich frisches Wasser zur Verfügung ist.

Bewährt haben sich in der Geflügelhaltung automatische Tränken, die Tiere sind stets mit frischem Wasser versorgt und das häufige Wassernachfüllen erübrigt sich.

Die Junghennen bzw. Küken sind schon möglichst früh an Sitzstangen zu gewöhnen. Bei entsprechend großen Ställen ist es zweckmäßig, die Kükenringe auf der Kotgrube einzurichten, so sind die Tiere gleich hier heimisch. Ist das nicht möglich, müssen die jungen Tiere allmählich dazu gebracht werden, nachts auf den Sitzstangen zu schlafen, indem man sie von Hand darauf setzt.

Besteht Auslaufmöglichkeit, können Junghennen bei jedem Wetter nach draußen gelassen werden. Der Auslauf sollte genügend groß, je Junghenne 5 bis 10 m², und gut mit Gras bewachsen sein.

Auch Junghennen sollten Schutz unter Bäumen und Sträuchern suchen können. Sie bevorzugen geschützte Plätze für Ruhepausen und zum Sandbaden. Ist kein natürlicher Schutz vorhanden, können auch hier künstliche Schutzdächer den Tieren das Gefühl der Geborgenheit geben.

In einsamen ländlichen Gegenden hat die Anzahl der Greifvögel in den vergangenen Jahren wieder stark zugenommen. Sie schlagen vermehrt auslaufende Küken und Hühner. Hier kann es angebracht sein, den Auslauf kreuz und quer in Höhe des Zaunes mit Spanndrähten vor den Räubern zu schützen. Unregelmäßig straff gespannte Drähte verhindern den schnellen An- und Abflug des Greifvogels und schrecken ihn ab.

Wichtig ist außerdem, dass keine Althennen den Auslauf benutzen, damit Krankheitsübertragungen vermieden werden. Sollten trotz aller Vorsichtsmaßnahmen während der Aufzucht- und Junghennenzeit Kümmerer und Todesfälle auftreten, sollte ein Tierarzt oder der Geflügelgesundheitsdienst ein Tier oder besser mehrere Tiere untersuchen, damit man dann entsprechende Maßnahmen ergreifen kann.

Junggeflügelmast

Neben der Legehennenhaltung ist die Junggeflügel- oder Broilermast in kleinerem Rahmen möglich, sei es für den Eigenbedarf oder für den Absatz an einen kleinen Kundenkreis.

Die Junggeflügelmast gleicht in ihrer Durchführung der Kükenaufzucht. Der Unterschied besteht darin, dass die Broiler bis zur Schlachtung auf dem Boden gehalten werden und keine Sitzstangen benötigen. Die

Besatzdichte ist von der Jahreszeit abhängig. Die Mastzeit ist mit 6 bis 9 Wochen beendet, je nachdem, wie schwer die Tiere werden sollen.

Dann kann nach gründlicher Säuberung und Desinfektion des Stalles und der Geräte eine neue Besetzung vorgenommen werden.

Es ist zu empfehlen, eine der bekannten Masthybridherkünfte zu wählen, denn sie verfügen über ein gutes Wachstum und reichen Fleischansatz. Das Gewichtsverhältnis von Fleisch zu Knochen ist bei ihnen sehr günstig.

Aufzucht für die Mast

Die Aufzucht erfolgt in einem dazu geeigneten zugfreien Stall unter einem Elektro- oder Gasstrahler. Die Temperatur sollte schon bevor die Tiere eingesetzt werden, 35 °C unter dem Strahler betragen.

Wie schon bei Kükenaufzucht ausgeführt, soll der Stall wenigstens einen Tag vor der Ankunft der Tiere hergerichtet und die Heizquelle in Betrieb sein. Auch bei der Mast ist es zweckmäßig, einen Kükenring zu erstellen. Er soll 60 bis 70 cm hoch sein. Am besten eignen sich Hartfaserplatten, sie lassen keine Zugluft an die Tiere, und die Küken können sich nicht verlaufen. Wasser- und Futtergefäße stellt man sternförmig um den Strahler, sodass die Tiere leicht herankommen können. In den ersten Tagen sind sie oft noch ein bisschen unbeholfen, deshalb nimmt man für das Futter nicht gleich Tröge, sondern Eierhöckerpappen oder den Kükenkarton, in dem die Küken angeliefert wurden und schneidet die Seiten ab, nur eine

2 cm hohe Kante lässt man stehen. Die Ecken bleiben ebenfalls stehen, um die Stabilität zu erhalten. Als Tränken haben sich 2-Liter-Stülptränken bewährt, das Wasser sollte zu Anfang lauwarm sein.

Mit 10 bis 14 Tagen kann der Kükenring entfernt und den Tieren der ganze Stall zur Verfügung gestellt werden. Die Stallecken sind abzurunden, um zu verhindern, dass die Tiere sich erdrücken.

Die Wärme unter dem Strahler sollte von 35 °C über 32 °C in der ersten Woche auf 29 °C in der zweiten, und 25 °C in der dritten Woche zurückgehen.

Vor allem in der ersten Lebenswoche sind die Küken besonders kälteempfindlich, weil der Mechanismus des Kükens zur Regulierung der Körpertemperatur schlecht entwickelt ist. Die Körpertemperatur des Eintagskükens beträgt 39,5 °C, erst nach 7 bis 10 Tagen wird die normale Temperatur von etwa 41 °C erreicht.

Beim Beobachten der Tiere stellt man sehr schnell fest, ob ihnen die Temperatur angenehm ist. Ist es zu warm, liegen sie vom Strahler entfernt, ist es zu kalt, liegen sie auf einem Haufen und können sich leicht erdrücken. Die Wärme kann bei Strahlern meist in verschiedenen Stufen reguliert werden. Sollte das nicht möglich sein, kann die Regulierung durch Höherhängen des Strahlers erfolgen. Anfangs sollte er 60 bis 80 cm vom Boden entfernt aufgehängt sein. Als Einstreu eignen sich Hobelspäne und kurzes Stroh. Es ist darauf zu achten, dass die Einstreu trocken bleibt. Besonders um die Tränken

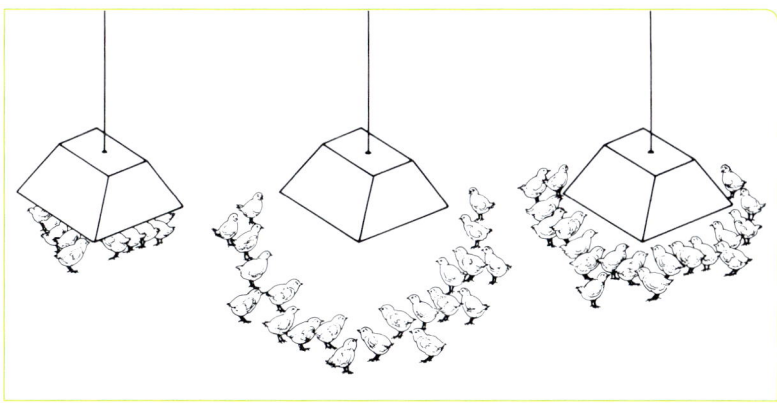

Richtige Wärme unter dem Strahler ist wichtig. Ist die Temperatur zu niedrig, drängen sich die Küken unter dem Strahler zusammen (links), ist es zu warm, weichen sie aus (Mitte). Behaglich fühlen sie sich, wenn sie sich in einem Kreis um die Wärmequelle herum bewegen (rechts).

kann es leicht feucht werden. Deshalb sollten sie etwas erhöht auf einem Lattenrost aufgestellt werden. Gegebenenfalls ist die feuchte Einstreu zu erneuern. Gerade in feuchter und warmer Einstreu können sich Krankheitskeime schnell entwickeln, dies gilt besonders für Wurmeier und Kokzidienoozysten.

Die Beleuchtung sollte in den ersten Tagen 24 Stunden betragen, später kann sie nachts gelöscht werden und sollte dann etwa 20 Stunden pro Tag eingeschaltet sein. Es darf allerdings nicht zu hell im Stall sein, weil dann die Gefahr des Federpickens besteht. 3 Watt je m^2 Stallbodenfläche genügen anfangs, ab dem 10. Tag sollte die Lichtintensität verringert werden.

Fütterung

Als Futter bekommen die Küken in den ersten zwei Wochen einen Kükenstarter, dann kann auf Mastfutter umgestellt werden. Pelletiertes oder gekörntes Futter ist zweckmäßig, es verringert die Futterverluste.

Außerordentlich wichtig für ein gleichmäßiges und schnelles Wachstum der Tiere ist eine gute Verteilung der Tröge und Tränken im gesamten Stallraum. Man rechnet 3 cm Futterfläche je Küken bis zu drei Wochen, dann 5 bis 6 cm; an Tränkfläche 1,5 bis 2,0 cm bei Rinnentränken. Die Tränken sollten nicht weiter als 2 m von den Trögen entfernt sein, da sonst zu wenig Wasser aufgenommen wird und dadurch die Futteraufnahme leidet. Um Verschmutzung und Futterverluste zu vermeiden, sollten sich die oberen Ränder der Tränken und Tröge stets in Rückenhöhe der Tiere befinden. Futter und Wasser muss immer in ausreichender Menge und zur freien Verfügung der Tiere bereitstehen.

Mastdauer und Fleischqualität

Die Mastdauer beträgt 6 bis 9 Wochen, je nach dem gewünschten Gewicht der Tiere.

Allgemein besteht die Ansicht, dass kurz gemästete Hähnchen nicht voll im Geschmack sind. Deshalb hält man sie gerne etwas länger, sie haben dann neben dem typischen Hähnchengeschmack auch ein höheres Gewicht und eignen sich besser für einen Mehr-Personen-Haushalt. Männliche Masthybriden erreichen im Alter von sechs Wochen ein Gewicht von etwa 1800 g, die weiblichen Tiere dagegen nur 1500 g. Sie bleiben auch in der nachfolgenden Zeit immer im Gewicht hinter den Hähnchen zurück. Mit acht Wochen ist das Gewichtsverhältnis etwa 2500 g zu 2100 g Lebendgewicht.

Bei einer kleineren Gruppe Masttiere, von denen man kontinuierlich schlachten möchte, nimmt man zuerst die schon schweren Hähne heraus und lässt die Hennen nachwachsen. Dies ist nicht die wirtschaftlichste Art der Junggeflügelmast, weil die Futterverwertung der Hennen immer schlechter ist.

Mast von Auslaufhühnern

Soll die Mast nicht als intensive Haltung durchgeführt werden, kann den Tieren, wenn es sich um einen kleineren Bestand handelt, auch Auslauf gegeben werden. Sie erreichen dann das Schlachtgewicht erst später, auch die Futterverwertung ist schlechter, dafür ist das Fleisch des Schlachttieres muskulöser und wohlschmeckender.

In Frankreich gibt es Gebiete, zum Beispiel die Bresse und die Bretagne, in denen Masthühner mit Auslauf gehalten werden, die zwar ungefähr doppelt so alt werden, um das gewünschte Gewicht zu erreichen, die aber eine Delikatesse sind und einen entsprechend hohen Preis erzielen. Da die Franzosen als Feinschmecker bekannt sind, könnten wir ihrem Beispiel vielleicht folgen.

Ungeeignet zur Mast sind die Hahnenküken der Legehybriden oder anderer leichter Hühnerrassen. Sie wachsen viel zu langsam und das Knochen-Fleisch-Verhältnis ist schlecht.

Man rechnet bei Masthybriden mit einer Futterverwertung von etwa 1:2, das heißt, dass 2 kg Futter benötigt werden, um 1 kg Fleisch zu erzeugen. Das ist eine Faustzahl, die je nach Haltung und Mastdauer nach oben oder unten variieren kann.

Gänse

Die Gans ist ein ausgesprochenes Weidetier und vornehmlich in Grünlandgebieten in größerer Zahl anzutreffen. Wer geeignete Auslaufmöglichkeiten hat und die Chance für einen guten Absatz sieht, kann sich durchaus der Zucht oder Mast der Gänse annehmen oder sie auch zur eigenen Freude halten. Gänse sind eine sehr sensible Geflügelart und wohl die einzige, die sich nicht so recht manipulieren lässt, sei es durch Lichtprogramme oder Haltungsweisen.

Auf jede Veränderung reagieren sie zunächst negativ, ob es sich um Stall- oder Weidewechsel oder Fangen einzelner Tiere handelt. Auch große Wärme beeinträchtigt ihr Wohlbefinden, die Legeleistung und ebenso die Befruchtung nehmen ab. Temperaturen über 25 °C gelten als kritisch. Der Auslauf sollte deshalb genügend Schatten und Bademöglichkeit bieten.

Die besten Leistungen werden in kleineren Gruppen erzielt, als ideal gelten Herden bis zu 20 Tieren. Mit

Die Toulouser Gänse gehören zu den schweren Rassen. Sie setzen sehr leicht Fett an.

dem Größerwerden der Herde nimmt die Leistung ab.

Besondere Ansprüche an den Stall stellen die Gänse nicht. Er sollte aber zugfrei und trocken und gegebenenfalls leicht zu desinfizieren sein. Man rechnet 1 bis 2 erwachsene Gänse pro m² Stallfläche.

Im Frühjahr und Sommer bis in den späten Herbst hinein, bei trockenem Wetter auch im Winter, können sie draußen auf der Weide sein. Im Winter und während der Legeperiode ist die Zufütterung von Kraftfutter notwendig, während dies nach Beendigung der Legetätigkeit entfällt, sofern eine gute Weide zur Verfügung steht.

Haltung von Zucht- und Legegänsen

Der Stall

Zucht- und Legegänse sind wenig empfindlich gegen Kälte. Im Hinblick auf die Eiqualität sollte der Stall jedoch frostfrei sein. Eine dicke Einstreu aus Stroh oder Hobelspänen gibt den Tieren das Gefühl des Wohlbehagens. Damit die Streu trocken bleibt, muss sie öfter überstreut werden.

Die Einrichtung besteht aus Trögen, Tränken und Nestern. Die Nester sollten 60 cm breit, 80 cm tief und 100 cm hoch sein. Sie werden auf dem Boden angebracht, sodass die Gänse leicht hineingehen können. Ein Brett verhindert das Herausfallen der Einstreu, die aus Stroh oder Heu besteht. Man rechnet pro Nest vier bis fünf Legegänse. Auch elektrisches Licht sollte im Stall vorhanden sein.

Entenherde. Bei ausreichendem Auslauf sind Gänse und Enten in Herden einfach zu halten.

Höckergans, eine besonders dekorative Art, erkennbar an ihrem Aalstrich vom Kopf über den Hinterhals und an dem Schnabelhöcker.

Auslauf mit Wasser

Um eine befriedigende Befruchtung der Bruteier zu gewährleisten, ist bei der Haltung von Zuchtgänsen Bademöglichkeit vonnöten. Zumindest sollte, wenn kein anderes Wasser zur Verfügung steht, ein flaches Wasserbecken vorgesehen werden. Es kann mit geringen Mitteln im Auslauf angelegt werden und sollte etwa 20 bis 30 cm tief sein und mindestens 0,5 m² je Tier an Fläche bieten. Vernünftigerweise sollte es betoniert werden, weil sonst auf Dauer eine große schlammige Pfütze entsteht. Ein Betonbecken kann leicht gereinigt und gegebenenfalls desinfiziert werden, was der Hygiene zugute kommt.

Alter und Zuchtdauer

Die besten Legeleistungen bringen die Gänse im 2. bis 5. Lebensjahr, sie bleiben bis zum 10. Jahr zuchttauglich. Zu Zuchtzwecken werden zweijährige und ältere Gänse empfohlen. Für gute Befruchtungsergebnisse sind junge Ganter vorzuziehen, obwohl sie bis zum 6. oder 8. Jahr zuchtfähig sind. Deshalb werden Ganter mindestens einmal durch junge Tiere ersetzt, während die Gänse weiter gehalten werden. Man rechnet auf 4 bis 5 Gänse einen Ganter.

Zuchtstämme oder -herden sollten rechtzeitig, das heißt spätestens im Dezember, besser früher, zusammengestellt werden. Gänse brauchen längere Zeit, um sich aneinander zu gewöhnen als andere Geflügelarten.

Der Ganter

Ganter erkennt man am kräftigen Körperbau und aufrechter Körperhaltung. Auch an der Stimme sind sie zu unterscheiden; Gänse haben einen dunkleren Ton. Diese Merkmale reichen jedoch in der Regel nicht aus, um die Geschlechtszugehörigkeit sicher zu erkennen, sie ist nur durch die Untersuchung der Kloake exakt möglich. Das männliche Glied befindet sich in der Kloake und wird nur beim Tretakt vorgestülpt. Zur Untersuchung bringt man das Tier in die Rückenlage, streift Federn und Flaum zur Seite und legt die Kloake frei. Durch leichtes Massieren und seitliches Ziehen des Randes wird die Kloake ausgestülpt und der Penis wird sichtbar, er ist 3 bis 9 cm lang.

Legetätigkeit

Die Legetätigkeit setzt, je nach Witterung, Ende Januar bis Mitte Februar ein und dauert bis in den Mai oder Juni hinein. Im März und April werden die meisten Eier gelegt. Das Eigewicht liegt zwischen 160 und 220 g. Die Jahresleistung an Eiern beträgt, je nach Rasse, zwischen 30 und 50 Stück, bei nicht brütenden Gänsen (Emdener Gans, Rheinische Vielleger). Brutgänse (Diepholzer und Pommersche Gans) machen ein, im Höchstfall zwei Gelege, meist aber nur, wenn die Eier des ersten Geleges aus irgendeinem Grund nicht von der Gans selbst ausgebrütet worden sind.

Versuche, Gänse mit Hilfe von Beleuchtungsprogrammen zu zwei Legeperioden im Jahr, die erste im Frühjahr und die nächste im Spätsommer oder Herbst zu veranlassen, haben sich als schwierig herausgestellt und steigern die Menge der jährlich erzeugten Eier kaum. Diese Manipulationen sollten den Versuchsanstalten zunächst überlassen werden, obwohl die Aussicht, Gänseeier fast während des ganzen Jahres zu bekommen, recht interessant erscheinen kann.

Für eine erfolgreiche Gänsezucht sind folgende Kriterien ausschlaggebend:

– hohe Befruchtungsrate der Bruteier
– viele Nachkommen
– gute Aufzuchtleistung
– geringe Ausfälle
– hohes 8-Wochen-Gewicht der Gössel.

Die Haltung von Zucht- und Legegänsen weist keine gravierenden Unterschiede aus, außer, dass zu Zuchtzwecken Ganter zur Verfügung stehen müssen. In jedem Fall ist die Zahl der Eier von guter Qualität ausschlaggebend. Das setzt neben dem Weidegang eine zweckmäßige Fütterung voraus, die etwa vier Wochen vor Legebeginn einsetzen muss. Kraftfutter mit einem Rohproteingehalt von 15 bis 18 % ist unerlässlich und sollte auch nachts zur Verfügung stehen. Tränken im Stall sind ebenfalls notwendig. Bei Haltung einer größeren Herde eignen sich Rundfutterautomaten, sie brauchen weniger Platz, und es können mehr Tiere daraus fressen. Pro m² Stallfläche rechnet man bei Zucht- und Legegänsen 1 bis 2 Tiere. Für 4 bis 5 Gänse sollte ein offenes Legenest zur Verfügung stehen.

Brut und Aufzucht

Natürliche Brut

Im Gegensatz zu anderen Geflügelarten hat die natürliche Brut bei Gänsen noch eine ziemlich große Bedeutung. Die Gans baut sich ihr Nest selbst und sucht sich dafür einen ruhigen Brutplatz aus, meistens im Stall. Als sicheres Anzeichen für den baldigen Beginn der Brütigkeit ist das Auszupfen von Brustfedern anzusehen, mit denen sie ihr Nest auspolstert.

Ein Ei des Geleges bleibt als „Nestei" liegen, damit die Gans immer wieder zu ihrem Nest zurückkommt. Die anderen Eier werden entnommen und kühl aufbewahrt. Hört die Gans auf zu legen und sitzt sie länger auf dem Nest, ist der Zeitpunkt zum Unterlegen der Eier gekommen. Eine

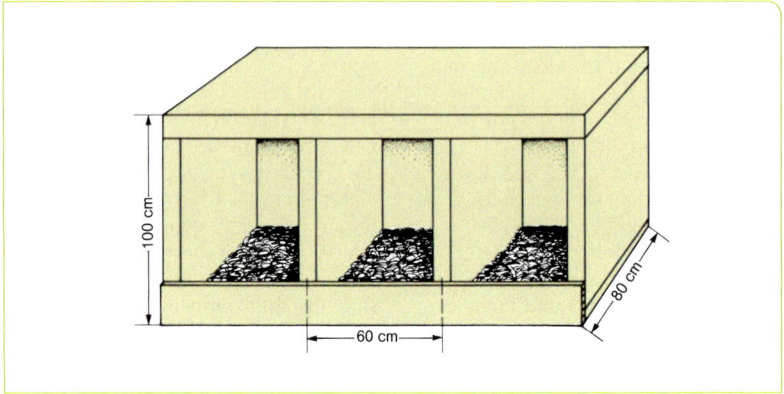

Nester für Gänse. Ein 10 cm hohes Brett dient als Schwelle und verhindert, dass das Stroh aus dem Nest rutscht.

Gans kann 12 bis 15 Eier ausbrüten, die gleiche Anzahl Gänseeier ist bei Putenbrut zu veranschlagen. Hühnerglucken können, je nach Rasse, 4 bis 6 Gänseeier untergelegt werden.

Brüten mehrere Gänse gleichzeitig, sollten die Nester seitlich durch Sichtblenden getrennt werden, um Beunruhigungen und Störungen zu vermeiden. Die Kontrolle des Brutnestes erfolgt deshalb auch am besten, wenn die Gans zur Futter- und Wasseraufnahme das Nest verlassen hat. Besonders günstig auf die Brut wirkt sich die Bademöglichkeit der Brutgans aus, weil durch das nasse Gefieder ein zusätzlicher Kühleffekt hervorgerufen wird.

Bei Puten- und Hühnerglucken fehlt dieser Effekt, sodass die Eier täglich besprengt werden müssen. Vielfach werden die Eier einige Tage vor dem Schlupf in lauwarmem Wasser geschwemmt. Brutgänse gelten als zuverlässige Brüterinnen und sind während der Brut und der anschließenden Aufzucht oft recht aggressiv.

Nach 28 bis 30 Tagen schlüpfen die jungen Gössel. Die Brutdauer kann auch um einige Tage variieren, je nach Alter und Kühlung der Eier. Deshalb sollte die Gans nicht vom Nest entfernt werden, bevor alle Küken ausgeschlüpft sind. Beim Schlupf ist so wenig wie möglich einzugreifen.

Künstliche Brut

Gänseeier können natürlich auch in Brutmaschinen erbrütet werden. Die künstliche Brut hat zunächst den Vorteil, dass eine größere Anzahl von Gösseln gleichzeitig schlüpft und die Aufzucht gleichaltriger Gössel einfacher ist. Zur Verfügung stehen auch hier, wie bei der Kükenbrut, Flächen- und Schrankbrüter. Flächenbrüter eignen sich für kleine Mengen Bruteier, während in den Schrankbrütern (Spezialbrüter für Gänsebrut) größere Mengen erbrütet werden können.

An die Bruträume werden für alle Geflügelarten die gleichen Bedingungen gestellt, die schon bei der Kükenbrut aufgeführt wurden.

Als günstigste Bruttemperatur für Gänseeier gelten Werte zwischen 37,6 und 37,8 °C bei einer relativen Luftfeuchtigkeit von 60 bis 70 % bei der Vorbrut und einer Temperatur von 37,3 bis 37,5 °C bei einer relativen Feuchtigkeit von 80 bis 90 % beim Schlupf. Weichen die Temperaturen von diesem Optimalbereich wesentlich ab, kommt es zu Störungen in der Embryonalentwicklung. Generell kann festgestellt werden, dass Untertemperaturen ungefährlicher sind als Temperaturüberschreitungen. Großen Einfluss auf den Schlupferfolg hat das Kühlen der Eier. Es sollte vom 7. Tag

an bis zum Anpicken täglich zweimal 10 bis 30 Minuten erfolgen. Dazu werden die Türen des Schrankbrüters bei laufenden Ventilatoren geöffnet oder die Eier, z. B. beim Flächenbrüter, auf der Horde aus dem Brutapparat herausgenommen. Ein zusätzlicher Kühleffekt ist außerdem durch Besprühen der Eier mit kaltem Wasser zu erzielen.

Die Eier sollen auf etwa 30 °C abgekühlt sein, bevor sie wieder in die Maschine kommen bzw. bis die Türen geschlossen werden.

Das Wenden der Eier ist eine weitere Notwendigkeit, die mindestens dreimal täglich durchgeführt werden sollte, wenn dies mit der Hand geschieht. Moderne Brutapparate haben eine vollautomatische Wendevorrichtung, die die Eier etwa alle zwei Stunden in eine andere Lage bringt.

Ablauf der Gänsebrut

	Vorbrut	Schlupfbrut
Brutdauer 30–32 Tage	1.–26. Tag	27.–32. Tag
Temperatur	37,6–37,8 °C	37,3–37,5 °C
Relative Feuchtigkeit	60 %	80 %
Wenden täglich	3 mal um 180°	–
Kühlen	1.– 7. Tag nicht erforderlich 8.–18. Tag 2 mal 10 min. 19.–24. Tag 2 mal 20 min. 25.–27. Tag 2 mal 30 min. dabei die Eier mit kaltem Wasser besprengen	27.–29. Tag 2 mal 30 min. dabei Eier mit kaltem Wasser besprengen
Schieren	10. und 27. Tag	bei der Umlage am 27. Tag
Stromverbrauch	ca. 0,5 kWh	

Natürliche Aufzucht

Die natürliche Aufzucht durch die Gans, Pute oder Glucke ist ausschließlich auf kleine Bestände beschränkt. Sie kann hier von Vorteil sein, weil der Betreuungsaufwand und die Anforderung an den Stall gering sind. Die notwendige Wärme bekommen die Gössel vom Bruttier. Bei der Gösselaufzucht mit Puten ist zu beachten, dass ihnen nur ein begrenzter Auslauf zur Verfügung gestellt wird, weil sie sonst die Gänseküken zu schnell und zu weit führen und die Küken zu sehr strapazieren.

Auslauf kann sofort gewährt werden, aber nur auf Gelände, das vorher nicht von Alttieren belaufen wurde. Zunächst sollte die Auslaufzeit kurz bemessen sein. Gössel sind gegen Unterkühlung sehr empfindlich, deshalb sind nasses Gras und Regenwetter in den ersten Wochen zu meiden. Je nach Witterung und Jahreszeit kommen die Jungtiere nach drei bis vier Wochen ohne zusätzliche Wärme aus, sodass dann die Glucke weggenommen werden kann.

Künstliche Aufzucht

Die künstliche Aufzucht setzt im Allgemeinen den Kauf von Gösseln voraus. Die günstigste Zeit ist April oder Mai, damit die jungen Gänschen in frisches Grün gelassen werden können. Gössel sollten als Partie von einer guten Gänsebrüterei gekauft werden. Hier hat man auch die Garantie, dass sie schon eine erste Impfung bekommen haben und sich gleichmäßig entwickeln.

Die Gössel werden zunächst in einen Ring mit einer Heizquelle eingesetzt. Eingestreut werden Stroh oder Hobelspäne. Es muss öfter nachgestreut werden, damit die Einstreu immer trocken ist. Nasse oder feuchte Einstreu verursacht Ausfälle und behindert eine zügige Entwicklung der Tiere.

Stehen die Tränken in der Einstreu, so ist sie im Nu nass und wird schnell mit dem hineingetretenen Kot zu einem Morast; deshalb sollten die Tränken hochgestellt und nach Möglichkeit auf einem Gitter aufgestellt werden, um das Spritzwasser von der Einstreu fenzuhalten. Anfangs sollte die Temperatur unter dem Strahler bis zu 35 °C betragen, die Wärme ist langsam zurückzunehmen. Die Raumtemperatur sollte zunächst auf 20 bis 25 °C gehalten werden, dann ist auch diese langsam zu reduzieren. Erst wenn die Tiere, zumindest aus den frühen Bruten, voll befiedert sind, brauchen sie keine zusätzliche Wärme mehr.

Es ist zu empfehlen, während der ersten Woche durchgehend das Licht anzulassen, auch nachts; danach das Licht langsam zurücknehmen. Nachts kann man dann ein kleines Dämmerlicht brennen lassen, damit sich keine Tiere erdrücken. Anfangs rechnet man 3 Watt je m^2.

Fütterung der Jungtiere

Die ersten acht Wochen sind die Periode des schnellen Wachsens. Deshalb brauchen die Gössel in dieser Zeit ein hochwertiges Futter.

1.–5. Woche: Gänsespezialaufzuchtfutter I oder Kükenalleinfutter ohne Kokzidiostaticum mit etwa 18–20 % Protein. Etwa 3,5 bis 4,0 kg.

Gänse können das ganze Jahr über draußen sein, sie brauchen viel Bewegung.

5.–8. Woche: Gänsespezialaufzuchtfutter II oder Jung-
hennenfutter ohne
Kokzidiostaticum mit
etwa 14% Protein.
Etwa 5–7 kg.

Die jungen Gänse fressen zu Anfang
nur zaghaft, besitzen aber zur Auf-
rechterhaltung aller Lebensfunktionen
eine genügend große Reserve aus
dem Dottersack. In etwa elf Tagen ist
die Gewichtsverdoppelung erreicht.
Von da an wachsen sie schnell, nur
die Flügel entwickeln sich langsam.
Mit der 5. Woche beginnt das Feder-
wachstum.

Von der zweiten Woche an kann
sauberes, frisches Gras zugefüttert
werden oder die Gössel können für
kurze Zeit in den Auslauf gelassen
werden. Von der achten Woche an,
wenn die Gänse voll befiedert sind,
sind sie gegen Witterungseinflüsse
unempfindlich. Die gute Vegetations-
zeit sollte nach Möglichkeit schon von
den jungen Gösseln genutzt werden
können. Die Weide ist eventuell vor
dem Auftrieb schon einmal zu mähen,
damit die Tiere auf frisches, nicht zu
hohes Gras kommen. Frisches, kurzes
Gras ist nährstoffreicher. Ist das Gras
zu lang und hart geworden, fressen sie
es schlecht und treten es flach.

Die Tiere können je nach Lage des
Betriebes Tag und Nacht draußen bleiben. Allerdings sollte für Schatten im
Auslauf gesorgt werden. In den meisten Betrieben werden die Tiere aller

dings über Nacht in den Stall geholt zum Schutz gegen Füchse, streunende Hunde und Diebstahl. Es ist darauf zu achten, dass auch jetzt die Einstreu trocken bleibt. Die Besatzdichte ist mit 4 bis 5 Gänsen je m² anzusetzen.

Tröge und Tränken sollten im Stall sein, damit die Tiere nachts fressen und trinken können. Da in den meisten Fällen der Auslauf begrenzt ist und nicht die geforderten 150 bis 200 m² pro Gans an guter Weide zur Verfügung stehen, ist eine Beifütterung notwendig. Es können gegeben werden: Gras, Rüben, Zuckerrüben, Kartoffeln, Äpfel und Gartenabfälle. Es kann auch wirtschaftseigenes Getreide gegeben werden in ganzen Körnern, oder geschrotet mit 18 % eiweißhaltigem Mischfutter vermengt. Je nach Güte der Weide rechnet man pro Tier und Tag etwa 100 g Zufutter.

Gänse sind neugierige Tiere und zupfen an allem herum, sowohl im Stall als auch im Auslauf. Um ihrem Tatendrang entgegenzukommen, kann ein gepresster Strohballen im Auslauf gute Dienste leisten. Im Alter von 13 bis 14 Wochen sind die Tiere ausgewachsen.

Den Sommer können die Gänse ohne Aufwand bis zum Herbst auf der Weide verbringen. Sind sie zur Zucht vorgesehen, sollte rechtzeitig im Herbst der Zuchtstamm zusammengesetzt werden. Für Gänse, die als Martins- oder Weihnachtsbraten gehalten werden, setzt zur angegebenen Zeit die Endmast ein.

Eine eingebaute Wanne als Tränke im Gänseauslauf tut gute Dienste.

Haltung und Fütterung der Masttiere

Man unterscheidet eigentlich zwischen zwei Mastverfahren, die in Dauer und Durchführung variieren: Die Schnellmast und die Weide- oder Hafermast. Die Schnell- oder Intensivmast ist in Deutschland kaum verbreitet. Hier wird das schnelle Wachstum im Jugendstadium genutzt, um die Gänse bei intensiver Fütterung in etwa zehn Wochen schlachtreif zu haben. Auf diese Art der Mast soll hier nicht eingegangen werden.

Die Gans ist immer noch ein „Saisonvogel" und vornehmlich als Martins- und Weihnachtsbraten anzusehen; daher ist die Nachfrage um diese Zeit am größten. Hier empfiehlt sich die so genannte Weide- oder Hafermast; sie ist für den Gänsehalter am interessantesten, sofern die Weideflächen genügend groß sind. Zu veranschlagen sind etwa 200 m² je Gans. Gänse können alle Grasflächen beweiden, auch feuchte Wiesen, die sich für andere Tierarten nicht gut eignen. Es handelt sich hier um eine extensive Form der Fleischproduktion.

Vier bis fünf Wochen vor der Schlachtung beginnt die Endmast, um die gewünschten Schlachtgewichte zu erzielen. Bei betriebseigener Futtererzeugung können die Gänse mit einer Getreidemischung mit Hafer als Hauptbestandteil gefüttert werden. Zur Ergänzung wird ein Eiweißkonzentrat zugefüttert. Muss das Futter zugekauft werden, ist ein Putenendmastfutter mit 14−15 % Rohproteingehalt zu empfehlen. Es besteht auch die Möglichkeit zur Zufütterung beider Futterarten, aber dann sollten die Körnergaben auf das Ende der Mast verlegt werden. Die Tiere brauchen in dieser Zeit etwa 300−400 g Futter täglich. Der Weideauslauf kann beibehalten werden, das Zufutter ist zweckmäßigerweise im Stall zu füttern. Gänse fressen auch nachts, deshalb sollten gefüllte Tröge und Tränken bereitstehen und der Stall beleuchtet sein. 1 Watt je m², in kleinen Glühbirnen gleichmäßig verteilt, reichen aus. Die Futterstellen sollten zahlreich sein und gut verteilt im Stall stehen, die Tiere werden dann gleichmäßiger im Gewicht. Auch jetzt ist für eine trockene und warme Einstreu zu sorgen, gegebenenfalls ist täglich frisches Stroh nachzustreuen.

In der Endmast (4 bis 5 Wochen) wird mit einer Gewichtszunahme von 1,0 bis 1,5 kg gerechnet. Der Futteraufwand dafür ist mit 7 bis 12 kg zu veranschlagen. Mit 5 bis 6 kg Lebendgewicht hat man dann eine gut ausgemästete Gans, die nicht im landläufigen Sinne fett ist, sondern durch eine dünne Fettschicht unter der Haut einen sehr ansehnlichen Schlachtkörper von etwa 4 bis 4,5 kg abgibt.

Daunen

Während der Sommer- und Herbstmonate, wenn die Gänse zur Überbrückung bis zur Endmast auf der Weide gehalten werden, können sie zur Daunengewinnung gerauft werden, d. h. sie werden lebend gerupft. Es schadet den Gänsen nicht, denn es werden nur die Federn entfernt, die sich in den

Ein einfacher Holzstall genügt dem Wassergeflügel als Unterkunft.

nächsten Tagen sowieso von selbst lösen würden.

Das erste Mal können im Alter von 12 bis 13 Wochen Federn gewonnen werden. Das ist die Zeit der ersten Mauser, sie kündigt sich durch ausgegangene Federn an, die im Stall und Auslauf zu finden sind. Die Federn müssen absolut reif sein und dürfen keine blutigen Kiele mehr haben. Man entnimmt die Federn von der Brust und dem Halsansatz. Auf keinen Fall dürfen die Stützfedern von der Seite entfernt werden, die die Flügel tragen. In Abständen von sieben Wochen und zwei Tagen können die Gänse erneut gerauft werden, das letzte Mal sieben Wochen vor der Schlachtung.

Es kann pro Gans bei mehrmaligem Raufen mit einem Federgewinn von 100 bis 120 g bei Altgänsen und mit 70 bis 100 g bei Mastgänsen gerechnet werden.

Zum Raufen sollte man die Tiere in Ruhe zusammentreiben oder im Stall lassen und sie einzeln fangen. Jede Beunruhigung wirkt sich negativ aus und die sonst zutraulichen Gänse würden scheu.

Das Raufen wird mit der Hand vorgenommen. Man legt sich die Gans mit dem Rücken, den Kopf nach unten, auf den Schoß, hält mit einer Hand die Füße und rauft vorsichtig die losen Federn von Bauch, Brust und Halsansatz. Nur die Federn, die sich leicht lösen, dürfen entfernt werden. Das geht schnell und dauert nur ein paar Minuten.

Das Raufen setzt ein feines Fingerspitzengefühl der Person voraus, die das Lebendrupfen vornimmt und muss umsichtig angegangen werden. Danach ist unbedingt auf trockene Einstreu zu achten, um die Gesundheit der Tiere zu erhalten.

Enten

Obwohl die Ente ein Wasservogel ist, kann sie recht gut auch nur im Stall oder im Auslauf gehalten werden. Sie hat vor allem zwei hervorragende Eigenschaften:

Je nach Rasse ist sie eine ausgezeichnete Legerin oder sie lässt sich sehr gut mästen. Ihr Fleisch ist wohlschmeckend und wird oft dem der Gans vorgezogen.

Enteneier

Die Entenhaltung zur Eiergewinnung hat keine große Bedeutung, weil in Deutschland Enteneier bei den meisten Verbrauchern nicht geschätzt, ja sogar unbekannt sind. Das mag damit zusammenhängen, dass irgendwann einmal Menschen durch Enteneier an Parathyphus erkrankt sind. Noch heute ist die Enteneierverordnung vom 24. 7. 1936 in Kraft, wonach ein Stempelzwang für Enteneier besteht. Jedes im Handel befindliche Ei muss die Aufschrift tragen: „Entenei!

Unten und rechts: Barbarie-Enten, auch als Flug-, Warzen-, Moschus- oder Türkenenten bekannt, können bei jedem Wetter draußen sein. Erkennbar sind sie an der unbefiederten Umgebung des Schnabels und der Augen. Es gibt sie reinweiß und schwarzweiß gescheckt.

Kochen!" Es muss vor dem Genuss mindestens zehn Minuten gekocht werden oder beim Kuchenbacken in Backofenhitze völlig durchgebacken werden. Dabei ist diese Entenseuche äußerst selten vorgekommen.

Kenner schätzen allerdings den Geschmack von Enteneiern. Sie gelten als sehr würzig.

Entenrassen

Die bekanntesten Legeentenrassen sind die Khaki-Campbell und die Indischen Laufenten. Sie legen leicht bis zu 300 Eier jährlich mit einem Eigewicht von 60 bis 80 g. Zur Mast haben sich weiße Pekingenten besonders bewährt. Neben guten Legeleistungen zeichnen sich die Jungenten durch Frohwüchsigkeit und gute Mastveranlagung aus.

Seit einigen Jahren allerdings ist die Barbarie-Ente, auch als Flug-, Moschus-, Warzen- oder Türkenente bekannt (im Folgenden nur als Barbarie-Ente bezeichnet) stark in den Vordergrund getreten und hat die Pekingente von den Bauernhöfen, den

mittleren und größeren Entenmastbetrieben fast ganz verdrängt. Aufgrund des ruhigen Temperaments – man nennt sie auch stumme Enten – und der geringen Krankheitsanfälligkeit stellen die Barbarie-Enten den Praktiker kaum vor Probleme. Sie können, wie das auf vielen Betrieben mit kleinen Tierzahlen üblich ist, auf der Weide gehalten werden. Aber auch intensive Mast mit ausschließlicher Stallhaltung vertragen sie bei fachgerechter Haltung gut.

Grundsätzlich ist zu sagen, dass Barbarie-Enten sich von anderen Entenarten unterscheiden, weil sie einen anderen Ursprung haben. Bezeichnend ist zum Beispiel ein Merkmal: die Brutdauer. Barbarie-Entenküken benötigen 33 bis 35 Tage bis zum Schlupf, alle anderen Entenrassen nur 28 Tage.

Auch das Fleisch ist von anderer Konsistenz. Pekingenten setzen bei der Mast schnell Fett an, Barbarie-Enten fast gar nicht. Sie haben dunkles Fleisch, das dem Fleisch von Wild nahekommt. Hier liegt wahrscheinlich auch der Grund, warum sich die Barbarie-Enten in so kurzer Zeit den Markt erobern konnten und sich zunehmender Beliebtheit erfreuen.

Ein Nachteil ist der Geschlechtsdimorphismus, das heißt, Erpel werden erheblich schwerer und brauchen etwa zwei Wochen länger, um ihr optimales Gewicht zu erreichen.

In den folgenden Ausführungen sollen vornehmlich die Barbarie-Enten behandelt werden; in zweiter Linie die Pekingenten.

Haltung von Zuchttieren

Zur Zucht werden nur gesunde und frohwüchsige Enten eingesetzt. Inzuchtschäden treten nicht leicht auf, trotzdem sollten in nicht zu großen Zeitabständen fremdblütige Tiere, man nimmt dazu meistens Erpel, zur Zucht benutzt werden.

Die Größe des Zuchtstammes richtet sich nach der Art der Entenrasse. Bei ausgesprochenen Legeenten reicht ein Erpel für sechs bis acht Enten, bei Mastrassen rechnet man vier bis fünf Enten auf einen Erpel. Bei größeren Zuchtherden sollte die Zahl der Erpel ein wenig reduziert werden, zu viele Erpel jagen sich gegenseitig und es herrscht eine dauernde Unruhe, die die Lege- und Befruchtungsergebnisse nachteilig beeinflusst. Sinnvoll ist es, die Zuchtherden zu unterteilen. Es ist nachgewiesen, dass die Legeleistung der Enten, genau wie die der Gänse, um einiges höher ist, wenn sie in kleinen Partien gehalten werden.

Zuchtstämme sollten schon im November zusammengesetzt werden, weil Enten sich schwer aneinander gewöhnen. Um gute Befruchtungsergebnisse zu erzielen, sind Auslauf und Schwimmgelegenheit wünschenswert, bei Peking- und Barbarie-Enten jedoch nicht unbedingt erforderlich.

Die Legereife tritt bei Pekingenten mit sechs bis sieben Monaten ein, bei Barbarie-Enten mit sieben bis acht Monaten; entsprechend ist der Schlupf der Zuchttiere einzuplanen. Im Jahr legen Pekingenten etwa 180 bis 200 Eier mit Eigewichten von 60 bis 70 g, intensiv gehaltene Barbarie-Enten legen etwa die gleiche Eierzahl mit

Enten lieben Wasser und sind bereit, weitere Wege für eine Schwimmgelegenheit in Kauf zu nehmen.

ebensolchen Gewichten. Die Zuchttiere werden in den meisten Fällen nur ein Legejahr gehalten, außer es handelt sich um Spezialrassen. Zuchtenten sollten während der Aufzucht, etwa von der dritten bis vierten Woche an, und während der Wachstumszeit nicht zu stark gefüttert werden, um einer Verfettung vorzubeugen. Sie müssen rationalisiert gefüttert werden.

Etwa vier Wochen vor der Legereife sollten sie ad-libitum-Fütterung erhalten, sie also an Futter aufnehmen können, soviel sie wollen. Das Futter soll gehaltvoll sein und eine ausgewogene Mineralstoff- und Vitaminversorgung gewährleisten, am besten hat sich ein Legefutter bewährt.

An den Stall werden keine hohen Anforderungen gestellt; er soll luftig und vor allem mit trockener Einstreu versehen sein. Obwohl Enten Wasservögel sind, können sie schmutzige und nasse Einstreu überhaupt nicht vertragen und reagieren darauf mit Minder-

leistungen. Zuchtenten werden auf Stroh in Bodenhaltung gehalten, auch in Kombination mit Draht- oder Lattenrosten, um die hohen Strohkosten zu reduzieren. Pro m² Stallfläche können zwei bis drei Zuchttiere gehalten werden. Ein offenes Nest, 35 cm breit, 50 cm lang und 40 cm hoch, reicht für drei Enten aus.

An Auslauf rechnet man bei gutem Graswuchs 12 bis 15 m² pro Ente, bei mäßiger Grasnarbe 15 bis 20 m². Reicht das Gras nicht aus, kann Grünfutter zugegeben werden. Vorteilhaft ist natürlich ein größerer Auslauf, denn Enten sind recht lebhafte Tiere mit viel Bewegungsbedürfnis.

Sehr verbreitet ist die extensive Zucht und Haltung von Barbarie-Enten in kleineren Betrieben und auf Bauernhöfen. Hier werden einige Enten gehalten, die auf der Weide herumlaufen und den größten Teil ihrer Nahrung selbst suchen. Abends bekommen sie ein wenig Beifutter, das aus Weichfutter, Körnern oder Küchen- und Gartenabfällen besteht. Vor der Brutzeit sollte allerdings auch Legefutter verabreicht werden.

Brut und Aufzucht

Natürliche Brut und Aufzucht

Die Barbarie-Enten machen meistens schon früh im Jahr, etwa im Februar, ein Gelege, brüten es aus und ziehen die Jungtiere auf. Ein zweites Gelege folgt in der Regel, oft auch noch ein drittes.

Als Brüterin hat die Barbarie-Ente einen guten Ruf. Erwähnenswert ist ihre Zuverlässigkeit während der fünfwöchentlichen Brut.

Barbarie-Enten, die Auslauf haben, können weitgehend sich selbst überlassen werden, sofern keine Füchse zu befürchten sind. Sie bauen sich irgendwo draußen an einer geschützten Stelle ein Nest, legen bis zu 20 Eier hinein und beginnen dann mit der Brut. Sie verlassen in der Regel auch aus eigenem Antrieb das Nest, um Futter und Wasser aufzunehmen und sich zu reinigen. Auch der Schlupf geht meistens ohne Komplikationen vor sich. Die kleinen Entchen sind nach dem Schlüpfen sofort recht mobil und die Entenmutter zieht mit ihnen los. Barbarie-Entenküken haben scharfe Krallen, mit denen sie sich gut festhalten können. Sie bewältigen sofort schwierige Wegepassagen, wenn es sein muss. Auch eine Schwimmgelegenheit wird sofort wahrgenommen, wenn vorhanden. Das Bruttier wärmt die Küken immer wieder auf, sodass hier keine Probleme entstehen. Es führt die Kleinen auch zum Futterplatz und zur

Tränke. Schon nach wenigen Tagen sind die jungen Enten selbstständig. Es ist darauf zu achten, dass der Stall – beziehungsweise der Auslauf – trocken bleibt, da Enten viel Feuchtigkeit verbreiten. Deshalb ist es wichtig, die Tränke hochzustellen und die Einstreu mit trockenem Material zu überstreuen, damit der Liegeplatz trocken ist und die Tiere sich ungehindert entwickeln können. Als Einstreu eignen sich Stroh und Hobelspäne.

Es ist empfehlenswert, dafür zu sorgen, dass die Brutente und ihre Küken zunächst einige Tage von den anderen Enten getrennt sind und die kleinen Entchen Aufzuchtfutter bekommen, um ihnen einen guten Start zu ermöglichen. Später können alle Enten, große und Jungtiere, gemeinsam in einem genügend großen Auslauf gehalten werden.

Hat die Barbarie-Ente eine Brut aufgezogen und die Jungen sind selbstständig, macht sie meist eine zweite, manchmal auch eine dritte Brut.

Den Pekingenten ist der Bruttrieb ziemlich abhanden gekommen, sie brüten selten. Ihre Eier legt man am besten einer Hühnerglucke oder einer Pute zum Brüten unter. Man macht ein Brutnest zurecht, wie schon bei der Hühnerbrut angegeben, und legt einer Glucke 10 bis 12 Enteneier oder einer Pute 20 Eier unter. Hier muss dann aber wieder darauf geachtet werden, dass die Brüterin das Nest verlässt und die Eier mit Wasser besprengt werden.

Barbarie-Enten sind gute und zuverlässige Brüterinnen. Sie bauen ihr Nest meist selbst und polstern es mit Federn aus.

Künstliche Brut

Enteneier, sowohl die der Barbarie-Enten als auch die anderer Entenrassen, eignen sich sehr gut für die künstliche Brut. Der Vorteil besteht hier, wie bei anderen Geflügelarten, in der großen Anzahl der schlüpfenden Küken. Es handelt sich meistens um Spezialbrutmaschinen für Wassergeflügel; aber auch herkömmliche Brutapparate und Flächenbrüter können mit Erfolg benutzt werden. Die Anforderungen an den Brutraum wurden schon unter dem Kapitel Hühnerbrut besprochen. Als günstigste Bruttemperatur für Enteneier gelten Werte zwischen 37,8 und 38,0 °C bei einer relativen Luftfeuchtigkeit von 60 bis 65 % bei der Vorbrut und eine Temperatur von 37,0 bis 37,5 °C bei einer relativen Feuchtigkeit von 80 % beim Schlupf. Auch das Kühlen der Eier spielt eine Rolle. Es sollte vom 10. Tag an zweimal täglich bis zum Anpicken erfolgen, und zwar bei offenen Türen und laufendem Motor, etwa 20 bis 25 Minuten, bis die Eier auf 20 bis 25 °C abgekühlt sind. Bei stehendem Motor ist der Kühleffekt nicht gegeben. Das Wenden muss während der Vorbrut ebenfalls mehrmals, wenigstens zweimal am Tag um 180° erfolgen.

Geschiert werden die Bruteier am 7., am 14. und am 22. Tag bei Pekingenteneiern, bei Barbarie-Enteneiern am 7., 14. und 28. Tag.

Bleiben viele Küken schon voll entwickelt im Ei stecken, liegt wahrscheinlich ein Brutfehler vor. Häufig ist eine zu niedrige Anfangstemperatur die Ursache. Die Brutdauer beträgt bei allen Entenrassen 28 Tage, nur bei Barbarie-Enten 35 Tage.

Künstliche Aufzucht

Werden Entenküken künstlich und in größerer Zahl aufgezogen, ist mit größerer Sorgfalt vorzugehen. Wie auch bei anderen Geflügelaufzuchten ist der Stall vorher gründlich zu säubern und zu desinfizieren und für die Aufzucht vorzubereiten. Die Wärmequelle ist 24 Stunden vor der Ankunft der kleinen Enten anzuschalten.

In den ersten ein bis zwei Wochen werden die Tiere in Kükenringen auf Hobelspänen oder gehäckseltem Stroh gehalten. Das Futter wird zuerst auf Eierhorden, später in Kükentrögen gereicht. Für die Wasserversorgung sind anfangs Stülptränken geeignet. Eine Zwei-Liter-Tränke reicht in den ersten zwei Wochen für etwa 50 Küken. Die Futtertroglänge sollte 0,75 m für 50 Tiere betragen. Nach zwei Wochen muss die Troglänge dem Platzbedarf der Enten angepasst werden. Eine Vorrichtung zum Auffangen des Spritzwassers ist bei Enten besonders angebracht, um die Einstreu einigermaßen trockenzuhalten.

Die Barbarie-Entenküken brauchen in den ersten vier bis fünf Tagen eine Temperatur von 35 °C unter dem Strahler; sie benötigen sehr viel Wärme. Andere Enten sind nicht so wärmebedürftig, ihnen genügen 30 °C. Die Wärme kann dann langsam zurückgenommen werden.

Barbarie-Enten benötigen unter dem Strahler folgende Temperaturen:
1. Woche 32 bis 35 °C
2. Woche 30 bis 32 °C
3. Woche 28 bis 30 °C
4. Woche 20 bis 23 °C
5. Woche 20 bis 21 °C.

Ablauf der Entenbrut

	Vorbrut	Schlupfbrut
Brutdauer 28 Tage	1.–21. Tag	22.–28. Tag
Barbarie-Enten 35 Tage	1.–27. Tag	28.–35. Tag
Temperatur	37,8–38,0°C	37,0–37,5°C
Relative Luftfeuchtigkeit	60 %	80 %
Wenden täglich	mind. 2 mal 180 °	–
Kühlen	10.–22. Tag 2 mal 20–25 min. auf 20–25°C	bis zum Anpicken 2 mal 20–25 min. auf 20–25°C
Schieren Pekingenten	7. und 14. Tag	22. Tag
Barbarie-Enten	7. und 14. Tag	28. Tag

In der wärmeren Jahreszeit kommen Enten von der 3. oder 4. Woche an ohne zusätzliche Wärme aus. Die Raumtemperatur sollte von der 3. Woche an 17 bis 18 °C betragen, vorher 18 bis 20 °C. In der ersten Woche sollte das Licht 24 Stunden brennen, dann kann es täglich um eine Stunde, bis auf 10 Stunden, reduziert werden.

Andere Enten brauchen mit Ausnahme der ersten Woche weniger Wärme als Hühnerküken und können nach zwei bis vier Wochen, je nach Witterung, auf Heizung verzichten. Eine zu frühe Abhärtung kann jedoch Wachstumsstörungen mit sich bringen und zu Durchfall führen. Wie schon bei den Hühnerküken beschrieben, erkennt man am Verhalten der Küken, ob die richtige Wärme vorhanden ist. Kriechen sie eng zusammen, fehlt es ihnen an Wärme; wenn sie aber ruhig nebeneinanderliegen, sind sie zufrieden. Von der fünften oder sechsten Woche an können die Enten auch nachts im Freien bleiben, wenn sie nicht durch Füchse und Marder bedroht werden.

Für den Besatz des Aufzuchtstalles rechnet man für die ersten zwei Wochen etwa 20 Entenküken je m², von der 3. bis 5. Woche 8 bis 10 Tiere und von der 6. Woche an 4 bis 5 Tiere. Wichtig ist, dass die Einstreu im Aufzuchtstall immer trocken bleibt.

Fütterung der Jungtiere

Enten fressen sofort, und zwar gern und viel. Um ihnen einen guten Start zu geben, sollten sie ein ihrem Wachstum angemessenes Futter bekommen. Da es vielerorts kein spezielles Entenaufzuchtfutter gibt, kann man ihnen in den ersten Wochen Masthähnchenalleinfutter geben. Es enthält 22 % Rohprotein, sollte aber ohne Kokzidiostatikum hergestellt sein. Nachher kann dann auf Futter mit 15 % Rohprotein, z. B. Putenfinisher, zurückgegriffen werden.

Enten fressen fast alles, was ihnen geboten wird. Eine besondere Vorliebe haben sie für Weichfutter, hergestellt aus gekochten Kartoffeln und mit Aufzuchtfutter vermischt. Auch Küchen- und Gartenabfälle können mitverarbeitet werden. Die Portionen dürfen aber nicht größer sein als die Tiere in kurzer Zeit fressen können, da das Futter leicht säuert und es dann zu Darmstörungen führen kann.

Salatabfälle und anderes Grün werden von Enten ebenfalls gern aufgenommen.

Der Futterverbrauch wird je Ente in sechs Wochen für Pekingenten mit 4,5 bis 5 kg, für Barbarie-Enten mit 3,0 bis 4,0 kg angesetzt.

Haltung und Fütterung der Masttiere

Aufzucht und Mast unterscheiden sich bei Enten kaum. Die Mast beginnt mit dem ersten Tag und sollte im Alter von 8 bis 9 Wochen bei Pekingenten und weiblichen Barbarie-Enten bereits beendet sein. Bei Barbarie-Enten-Erpeln dauert sie bis zur 12. Woche. Durch den Größenunterschied zwischen weiblichen und männlichen Barbarie-Enten muss die Erpelmast länger fortgesetzt werden, um das optimale Mastergebnis zu erzielen.

Sollen Barbarie-Entenküken zur Mast gekauft werden, so erhält man sie von der Brüterei in der Regel im Alter von 4 bis 5 Tagen. Es ist auch möglich, die Küken nach Geschlechtern getrennt zu beziehen. Es besteht allerdings ein Preisunterschied; die Erpel sind teurer.

Die wichtigsten Punkte der Aufzucht junger Enten sind schon beschrieben. Soll eine Partie Enten in 8 bis 9 Wochen schlachtreif sein, muss die Fütterung entsprechend gehaltvoll sein. Für die Fütterung von Mastenten sind folgende Punkte zu beachten:

1. Das Futter sollte immer pelletiert sein. Mehlfutter ist ungeeignet, es entstehen zu hohe Futterverluste.
2. Im Handel sind spezielle Entenmastfutter erhältlich. Falls die gewünschte Menge zu gering ist, kann auf Hähnchen- oder Putenmastfutter ausgewichen werden. Es sollte jedoch kein Kokzidiosemittel enthalten sein, da es Wachstumsdepressionen hervorrufen kann.

Gewichtsentwicklung, Futterverbrauch und Futterverwertung der Enten			
	Lebendgewicht in g	Futterverbrauch in g	Futterverwertung
Barbarie-Enten, männlich			
4. Woche	1072	1631	1,52
6. Woche	2194	4109	1,87
8. Woche	3159	7021	2,22
9. Woche	3561	8526	2,39
11. Woche	4000	11400	2,85
Barbarie-Enten, weiblich			
4. Woche	760	1225	1,61
6. Woche	1461	2856	1,95
8. Woche	1993	4711	2,36
9. Woche	2159	5621	2,60
Pekingenten, unsortiert			
4. Woche	1394	2462	1,83
6. Woche	2184	4864	2,28
8. Woche	2578	7231	2,86

Futterverwertung ist der Futterverbrauch in kg, um 1 kg Lebendgewicht zu erzeugen.
(Quelle: Jahrbuch für Geflügelwirtschaft)

Auch Hühnerglucken sind als Entenmütter zu gebrauchen, sie umhegen ihre Brut mit großer Sorgfalt.

Die kleinen Entchen finden das Futter besser, wenn es zu ebener Erde auf Zeitung oder Pappe ausgestreut wird.

Mit Hähnchenmastfutter erzielt man die höchsten Schlachtgewichte und die beste Futterverwertung. Allerdings besteht die Gefahr der Verfettung, wenn es vom ersten Tag an bis zur Schlachtung gefüttert wird. Deshalb ist zu empfehlen: 1. bis 5. Woche Hähnchenmastfutter, von der 6. Woche an bis Mastende Putenendmastfutter.

Der Schlachtkörper der Barbarie-Enten hat gegenüber dem anderer Enten einige Vorzüge: Der Fleischanteil ist höher, Fett- und Hautanteil sind geringer, und der Fettgehalt des Fleisches ist ebenfalls niedriger. Eine Tatsache, die den Entenbraten bekömmlicher macht und erklärt, warum die Barbarie-Enten so schnell beliebt wurden.

Es war bisher üblich, den Barbarie-Enten, die zur Mast im Stall gehalten werden, im Alter von etwa zwei bis drei Wochen mit einem Schnabelbrenngerät den Oberschnabel zu kürzen. Dadurch wurden Verletzungen durch Kannibalismus erheblich eingeschränkt.

Allerdings sind diese Maßnahmen durch das Tierschutzgesetz mittlerweile untersagt. In besonderen Fällen kann jedoch das Kürzen des Schnabels und der Fußkrallen durch den Tierarzt verordnet werden.

Barbarie-Enten entwickeln von der sechsten Woche an manchmal Ängstlichkeit und Nervosität, sodass sie sich beim Nähern einer Person übereinanderdrängen. Da die Fußkrallen der Barbarie-Enten sehr scharf sind, können sich die Tiere leicht gegenseitig verletzen. Deshalb wurde das Kürzen der Krallen mittels einer Zange empfohlen. Die Zehennägel wurden etwa zur Hälfte gekürzt und wuchsen dann nicht mehr nach.

Der Schnitt behindert die Tiere beim Laufen nicht. Das Kürzen des Schnabels und der Zehennägel durch den Tierarzt kann gleichzeitig erfolgen, dadurch erübrigt sich das zweimalige Einfangen der Tiere.

Haltungsformen

Bei der Mast von Barbarie-Enten in Stallhaltung bieten sich verschiedene Haltungsarten an:
1. Bodenhaltung mit Einstreu
2. Bodenhaltung auf Draht- oder Lattenrost
3. Kombination von Einstreu- und Rosthaltung.

Enten haben einen hohen Wasserverbrauch, dies kann zu Problemen führen, denn nasse Einstreu fördert das Abbrechen der Bauchfedern, sodass die Tiere später nur mühsam zu rupfen sind. Die Einstreu ist nur dann trockenzuhalten, wenn sich die Tränkrinne in Rückenhöhe der Tiere befindet, darunter eine Auffangmöglichkeit für Spritzwasser vorhanden ist und wenn der Stall täglich mit frischem Stroh überstreut wird. Hohe Strohkosten und ein hoher Arbeitsaufwand sind die Folge.

Aus diesem Grund bietet sich die Haltung auf Draht- oder Lattenrosten oder die Kombination als gute Lösung an. Diese Haltungsformen behindern die Tiere nicht und mindern auch die Mastleistung nicht. Um Verletzungen der Füße zu vermeiden, ist auf geeignete Abstände der Draht- bzw. Lattenroste unbedingt zu achten.

Drahtroste
Maschenlänge 50 mm
Maschenbreite 25 mm
Drahtdicke 4 mm

Lattenroste

Lattenabstand 15–25 mm
Lattenquerschnitt 20–25 mm
Bei der Kombination von Einstreu- und Rosthaltung ist zu empfehlen, die Hälfte bis zu zwei Dritteln der Stallfläche als Rost einzurichten, auf den auch die Tränken und Tröge gestellt werden. Der Rost muss die Einstreufläche um etwa 30 bis 40 cm überragen und zur Einstreu eine Schräge haben, damit die Tiere hinauf- und herunterlaufen können.

Der Unterbau der Roste sollte so stabil ausgeführt sein, dass zur Versorgung der Tiere die Begehung durch den Halter möglich ist. Die Besatzdichte kann bei Rosthaltung erhöht werden, und zwar 7 statt 5 Enten pro m^2 beiderlei Geschlechts, bei reiner Erpelmast 6 statt 4 pro m^2 und bei weiblichen Tieren 8 statt 6 pro m^2. Der Bedarf an Trögen und Tränken ist wie folgt zu berechnen:
6 bis 7 cm Troglänge pro Ente.
2 bis 3 cm Tränkfläche pro Ente.
Es ist darauf zu achten, dass Tröge und Tränken möglichst etwa zwei Meter voneinander aufgestellt sind, um Futterverluste zu vermeiden.

Haltung mit Weideauslauf

Es ist aber durchaus möglich, Barbarie-Enten wie auch andere Enten zur Mast im Weideauslauf zu halten. Es handelt sich dann um eine extensivere Methode. Sie brauchen nicht nur mit Fertigfutter versorgt zu werden, sondern suchen einen Teil ihrer Nahrung selbst, sofern der Auslauf genügend bietet. Abends sollten sie allerdings ein ausgewogenes Mastfutter erhalten, wobei auch Garten- und Küchenabfälle oder Kartoffeln zu Weichfutter verarbeitet

werden können. Die Schlachtreife wird kaum in 9 bis 11 Wochen erreicht sein, dafür sind die Futterkosten aber geringer.

Durch die viele Bewegung, die die Tiere im Auslauf haben, ist ihr Fleisch fest und der Fettansatz gering. Die Schlachtkörper sind später recht ansprechend und finden sicher Liebhaber, wenn die Anzahl den eigenen Gebrauch übersteigt. Auf diese Art gemästete Schlachtenten dürften bei Verkauf einen höheren Erlös erzielen als kurzgemästete Enten.

Schlachtreife

Der Zeitpunkt der Schlachtreife richtet sich weniger nach dem Alter der Enten als vielmehr nach dem Befiederungszustand. Dieser ist weitgehend von der Intensität der Fütterung abhängig. Meist ist der richtige Schlachttermin nach 60 bis 65 Tagen erreicht, wenn das Federkleid erstmals voll ausgewachsen ist. Die Flügelschwungfedern dürfen jedoch noch nicht ganz reif sein, denn dann wäre der richtige Zeitpunkt schon überschritten, und die Tiere sind am Körper stoppelig. In dem Fall sollte der Schlachttermin um etwa zehn Tage verlegt werden; dann sind die kleinen Federn auf der Brust so weit nachgewachsen, dass man sie ausziehen kann.

Vor dem Schlachten sollte man einige Enten zur Begutachtung des Gefieders in die Hand nehmen, vor allem, wenn es sich um extensiv gehaltene Tiere handelt. Zum ungünstigen Zeitpunkt geschlachtete Enten haben viele Stoppeln, die das Rupfen erheblich erschweren und die Schlachtkörper unansehnlich machen.

Krankheiten des Geflügels

Trotz aller Mühe und Fürsorge kann es passieren, dass die Tiere erkranken oder Parasiten sich bemerkbar machen. Bei täglicher Beobachtung kann ein geschultes Auge die Übel schon im Anfangsstadium erkennen.

Deshalb ist es wichtig, Kenntnisse über Vorbeugemaßnahmen zu besitzen und sie auch anzuwenden.

Bei Erkennen von Krankheiten sollten schnell Gegenmaßnahmen ergriffen werden:

Absondern der kranken Tiere und sofortige Behandlung.

Bei Unklarheit ist ein Tierarzt oder Fachberater zuzuziehen. Eigenes Experimentieren ist nicht zu empfehlen, wenn die Krankheit vom Geflügelhalter nicht klar erkannt wird und er in der Behandlung keine Erfahrung hat.

Vorbeugemaßnahmen

Vermeidung von Stress

Bei optimaler Haltung sind alle Körperfunktionen der Tiere so aufeinander eingestellt, dass sie die höchste Leistungsentfaltung ermöglichen. Wird dieses harmonische Gleichgewicht gestört, entsteht eine Stresssituation. Unter Stress versteht man Störungen des physiologischen Gleichgewichtes, die auch bei jeder Krankheit ablaufen. Dabei werden über das Nervensystem zur Hirnanhangdrüse (Hypophyse) hormonelle Reize ausgelöst, die das gestörte Gleichgewicht wiederherzustellen suchen. Dieser Vorgang ist gekennzeichnet durch einen erhöhten Verbrauch an Eiweiß, Vitaminen und Spurenelementen.

Für den Hennenhalter gilt es, alle Belastungen, die einen Stresszustand auslösen können, von den Tieren fernzuhalten. Hierzu gehören:

– Schlechtes Stallklima
– Überfüllung des Stalles
– Geringe Tränken- und Troglänge
– Wasser- und Futtermangel
– Schlechtes Futter
– Plötzlicher Temperaturwechsel
– Parasiten- und Ungezieferbefall
– Lichtausfall
– Umstallungen
– Änderung im Betreuungsrhythmus

Erste Kennzeichen einer außergewöhnlichen Belastung sind Absinken der Legeleistung und das Einsetzen der Mauser.

Zusätzliche Vitamin- und Antibiotikagaben helfen den Tieren, Stresssituationen leichter zu überwinden. Die Verabreichung von Vitaminkonzentration (sog. Vitaminstoß) erfolgt zweckmäßigerweise über das Trinkwasser. Da die Vitamine nicht beständig sind,

Verschiedene Geflügelarten in einem kleinen Auslauf gehalten, setzen eine sorgfältige Beobachtung und gute Hygiene voraus.

werden diese in entsprechender Dosis dem Trinkwasser beigemischt. Die Vitaminkonzentrate können als einmalige Gabe oder auch über mehrere Tage verteilt, verabreicht werden. Zu beachten ist dann aber, dass die entsprechenden Dosen dem Trinkwasser täglich neu beigemischt werden. Ergibt sich die Notwendigkeit einer Antibiotikagabe, richtet sie sich nach Vorschrift des Tierarztes.

Hygiene

Durch hygienische Vorkehrungen sollen Tiere gesund und leistungsfähig erhalten werden. Die verschiedenen Maßnahmen lassen sich wie folgt zusammenfassen:

1. Sauberkeit

Neben räumlicher Trennung von Jung- und Alttieren ist auf Sauberkeit im Stall und Auslauf zu achten. Die Trän-

ken sind wenigstens einmal wöchentlich, bei Küken öfter, zu waschen und die Tröge für Trockenfutter sollen ab und zu leergefressen werden, um zu verhindern, dass die Futterreste alt und ungeniessbar werden. Stallabfälle möglichst weit entfernt lagern.

2. Überwachung des Parasitenbefalles

Trotz größter Sorgfalt kann es zu einem Befall mit Parasiten kommen. Eine laufende Kontrolle ist daher notwendig. Außenschmarotzer (Federlinge und Milben) sind durch regelmäßige Untersuchungen einiger Tiere festzustellen. Zur Ermittlung von Darmparasiten (Würmer, Kokzidien) kann eine veterinärmedizinische Untersuchungsstelle herangezogen werden. Hierzu sind ein oder zwei kümmernde Tiere lebend einzuschicken. Je nach dem Untersuchungsergebnis sind spezifische Wurmbekämpfungen durchzuführen. Abschließend sollte die Einstreu gewechselt werden, da der Behandlungserfolg sonst fraglich ist.

3. Abweisen schädlicher Nager

Ratten und Mäuse lassen sich mit einiger Umsicht fernhalten. Der Stall muss abgedichtet sein, Unterschlupfmöglichkeiten sind zu beseitigen.

Desinfektion

Die Stalldesinfektion soll den Kreislauf der Krankheitserreger von einem Tierbestand auf den nächsten unterbrechen.

Einmal jährlich ist eine gründliche Reinigung und Desinfektion des Stalles und der Geräte vorzunehmen.

Nachstehende Maßnahmen haben sich bewährt:

1. Säuberung des Stalles und der Einrichtungen von Staub, Kot und Schmutzteilen. Aus dem Stall werden Einstreu, Kot und Futterreste entfernt, möglichst auch die Einrichtungsgegenstände. Dann wird der Stall besenrein gemacht, dazu gehört auch das Abfegen der Decke und Wände. Erst im Anschluss daran werden Decke, Wände, Stallboden und Gerätschaften mit Wasser, dem ein schmutzlösendes Mittel wie Soda oder P 3 beigegeben werden kann, gereinigt.

2. Vernichtung der Parasitendauerformen (Kokzidienoozysten und Wurmeier) mit Mitteln wie Dekaseptol, Lysovet und Incidin.

3. In besonderen Fällen Abtötung der Viren und Bakterien durch Besprühen der Mauern und Decken mit einer 2 %igen Formalinlösung oder einer Lösung eines Chlorpräparates, z. B. Caporit, Rohmultisept oder Lysovet.

4. Gut abzudichtende Ställe und Bruträume können auch mit Formalindämpfen desinfiziert werden. Gasmasken oder wenigstens feuchte Tücher als Mund- und Nasenschutz sind bei Begasung zu verwenden.

Impfungen

Gegen eine Anzahl von Geflügelkrankheiten besteht die Möglichkeit zur Immunisierung der Tiere. Impfungen bewirken, dass die Tiere spezifische Abwehrstoffe bilden.

Beim Zukauf legereifer Junghennen ist damit zu rechnen, dass die Tiere ein vollständiges Impfprogramm hinter sich haben und gegen Krankheiten, wie Newcastle-Disease, infektiöse

Bronchitis, Gumboro und Marek immun sind.

Impfungen gegen Salmonellen sind in Beständen ab 250 Tieren vorgeschrieben und reduzieren den Salmonellenbefall.

Die Aufzucht der Küken durch Glucken verläuft in der Regel problemlos, wenn ihnen Kükenalleinfutter gegeben wird. Kokzidiosehemmende Mittel im Fertigfutter verhüten den Ausbruch der roten Kükenruhr (Kokzidiose), der gefährlichsten Krankheit für Küken und Junghennen.

Hautparasiten

Rote Vogelmilben

Die kleinen, etwa 0,7 mm langen und 0,4 mm breiten, mit vier Beinpaaren versehenen, blutsaugenden Milben sind die gefährlichsten Hautparasiten des Geflügels. Im Gegensatz zu den Federlingen leben sie nicht auf der Haut der Hühner, sondern suchen diese nur zum Blutsaugen auf. Danach nehmen die Milben eine rote Färbung an und ziehen sich in dunkle Schlupfwinkel des Stalles zurück. Das sind Ritzen im Holz, in den Wänden, die Unterseiten und Auflagestellen der Sitzstangen wie auch die Rückseiten der Legenester. Als blutsaugende Parasiten können diese Milben bei der Übertragung von Infektionskrankheiten eine Rolle spielen.

Die Entwicklung vom Milbenei bis zum fertig entwickelten Parasiten ist von der Temperatur abhängig und beträgt 7 bis 14 Tage. Unter 9 °C findet keine Entwicklung statt, die Milben bleiben aber lebensfähig.

Der Kamm, die Kehllappen, die unbefiederte Haut und die Muskulatur werden durch den Blutverlust fahlgelb. Die befallenen Tiere werden matt und magern ab. Bei den Legehennen sinkt die Legeleistung. Plötzliche Todesfälle sind besonders bei den Jungtieren zu verzeichnen.

Die Blutarmut der verendeten Tiere gibt einen Hinweis auf den Befall mit Vogelmilben. Bei einem starken Befall können im Schleim der Schnabelhöhle, der Speiseröhre und des Kropfes Milben nachgewiesen werden. Der sicherste Nachweis gelingt im Stall an den Lieblingssitzen der Milben, wobei aschgraue bis silbergraue Beläge besonders an den Auflagestellen der Sitzstangen gefunden werden.

Eine Bekämpfung der Milben durch Behandlung der von ihnen befallenen Hühner genügt nicht, da auch die Milben in ihren Schlupfwinkeln vernichtet werden müssen. In Ställen, die sich gut abdichten lassen, kann dies durch Vergasen von Insektiziden geschehen. Ist ein Vergasen nicht möglich, so müssen die Decke und die Wände des Stalles, die Kotgruben und die Legenester mit Insektizidlösung eingesprüht werden. Je Quadratmeter Fläche werden etwa 100 bis 150 cm^3 Spritzlösung benötigt. Es ist darauf zu achten, dass die Sitzstangen von ihren Auflagen gelöst werden, und die Sprühflüssigkeit alle möglichen Schlupfwinkel der Milben erfasst und benetzt. Die Stalleinstreu ist nach Möglichkeit zu erneuern. Eine Wiederholung der Bekämpfungsmaßnahmen ist innerhalb von 5 bis 10 Tagen – je nach Stalltemperatur – erforderlich, um auch die in der Zwischenzeit aus den Milbeneiern geschlüpften Larven und fertig entwickelten Vogelmilben zu vernichten.

Federlinge

1 bis 3 mm lange, bräunliche Kerbtiere mit drei Beinpaaren, die auf der Haut des Huhnes leben und sich von Haut- und Federteilchen ernähren. Sie legen ihre Eier am Grund der Federkiele in Eipaketen ab, die innerhalb von 8 bis 10 Tagen heranreifen.

Von der Eiablage bis zum geschlechtsreifen Federling vergehen zwei bis drei Wochen.

Durch das flinke Herumlaufen der Federlinge auf der Haut der befallenen Tiere tritt eine starke Beunruhigung der Hühner auf. Das Allgemeinbefinden kann gestört sein und die Legeleistung zurückgehen.

Der Nachweis der Parasiten und ihrer Eigelege erfolgt durch Auseinanderstreichen des Gefieders am Unterbauch in der Kloakengegend.

Da die Federlinge ausschließlich auf der Haut der Hühner leben, müssen sie dort bekämpft werden. Das kann geschehen durch Einpudern, Besprühen oder Vergasen der verschiedensten Insektizide. Bei Gebrauch sind die Anweisungen der einzelnen Herstellerfirmen genau zu beachten. Bei der Bekämpfung der Hautparasiten hat sich die Einrichtung von Sandbädern im Hühnerstall sehr gut bewährt. Ein etwa 25 bis 30 cm hoher Kasten mit einer Grundfläche von 1 m^2 wird mit feinem, trockenem Sand angefüllt, dem ein Insektizid in Pulverform beigemischt ist. Für einen Eimer Sand werden 200 g des Wirkstoffes benötigt.

Darmparasiten

Spulwürmer (Askariden)

5 bis 12 cm lange, gelblichweiße, stopfnadelähnliche Rundwürmer, die im Dünndarm des Huhnes leben. Mit Spulwürmern befallene Hühner scheiden mit dem Kot Spulwürmer aus, die in der Außenwelt innerhalb von 2 bis 3 Wochen bei Feuchtigkeit, Sauerstoff und Wärme zu Larven heranreifen. Erst in diesem Entwicklungsstadium ist eine Ansteckung möglich, die über das verunreinigte Futter oder Trinkwasser erfolgt. Im Darm des Huhnes erfolgt die Weiterentwicklung zum geschlechtsreifen Spulwurm.

Ein starker Spulwurmbefall äußert sich bei den erwachsenen Hühnern in einer Störung des Allgemeinbefindens. Die Tiere magern ab und leiden an Durchfall. In der Legeleistung ist ein Rückgang zu verzeichnen. Diese Krankheitsmerkmale sind bei den Jungtieren stärker ausgeprägt. Bei ihnen können die gesundheitlichen Schäden so groß sein, dass sie zum Tod führen.

Bei der Zerlegung eines verendeten oder erkrankten Huhnes werden die geschlechtsreifen Spulwürmer im Darminhalt festgestellt. Durch eine mikroskopische Kotuntersuchung können die ovalen, dickschaligen Spulwurmeier nachgewiesen werden.

Zur Bekämpfung der Spulwürmer ist dem Trinkwasser ein geeignetes Wurmmittel zuzusetzen. Durch dieses Präparat werden nur die im Darminhalt befindlichen Spulwürmer gelähmt und mit dem Kot ausgeschieden. Die im Darmgewebe sitzenden Spulwurmlarven werden nicht erfasst und entwi-

Abgesehen von ihrer Nützlichkeit, erfreuen Enten auch durch ihr farbenfrohes Gefieder. Hier eine Rotschulterente; ihre Heimat ist Südamerika. Man findet sie bei Rassegeflügel- züchtern und in zoologischen Gärten.

ckeln sich weiter. Um auch sie erfolgreich bekämpfen zu können, ist eine Wiederholung der Wurmkur nach vier Wochen notwendig.

Pfriemenschwänze (Heterakiden)

Die Entwicklung und Weiterverbreitung dieser nur 7 bis 15 mm langen, sehr dünnen, weißen Darmparasiten, die sich in den Blinddärmen der Hühner aufhalten, ist ähnlich wie die der Spulwürmer. Bei den Jungtieren kann ein starker Heterakidenbefall krankhafte Veränderungen an der Schleimhaut der Blinddärme hervorrufen. Ältere Hühner zeigen im Allgemeinen keine Krankheitsmerkmale.

Als Nachweis der Heterakiden oder der Heterakideneier in den Blinddärmen dient eine mikroskopische Untersuchung.

In größeren Beständen ist die Behandlung durch Beimischung eines geeigneten Wurmpräparates in das Mischfutter zu empfehlen. Eine Wurmkur über Trinkwasser ist auch möglich. Unbedingt erforderlich ist die Wiederholung der Kur nach drei Wochen, um die inzwischen aus den Eiern, die bei der ersten Wurmkur nicht abgetötet wurden, sich entwickelnden Würmer auch zu bekämpfen.

Auch eine Einzelbehandlung mit Wurmpillen kann erfolgreich sein.

Haarwürmer (Capillarien)

1 bis 8 cm lange, haarfeine, mit dem bloßen Auge kaum zu erkennende Darmschmarotzer, die in der Schleimhaut des Dünndarmes, mitunter auch in der Schleimhaut der Blinddärme, der Speiseröhre und des Kropfes nachgewiesen werden. Es gibt mehrere Haarwurmarten, die während ihrer Entwicklung Zwischenwirte (Regenwürmer) benötigen oder sich auch direkt (ohne Zwischenwirt) entwickeln können. Die Weiterverbreitung der Haarwurmseuche erfolgt entweder über das verunreinigte Futter und Trinkwasser oder durch Aufnahme der Zwischenwirte.

Mit Haarwürmern befallene Tiere zeigen ein gestörtes Allgemeinbefinden, leiden an Durchfall, magern stark ab und gehen in der Legeleistung zurück. Bei Jungtieren tritt eine Wachstumsverzögerung ein. Über ein Jahr alte, widerstandsfähige Hühner können eine Immunität gegen Haarwürmer entwickeln.

Nachweis der zitronenförmigen Haarwurmeier oder der Haarwürmer durch eine mikroskopische Untersuchung des Kotes oder eines Dünndarmschleimhaut-Abstriches.

Als wirksames Mittel stehen Concurat-Präparate zur Verfügung, die nach Anweisung verabreicht werden. Eine Wiederholung der Wurmkur ist erforderlich.

Das nicht ausgetrunkene, mit Medikamenten versetzte Trinkwasser ist zu beseitigen und durch frisches, klares Wasser zu ersetzen.

Durch eine im Anschluss an die Kur durchgeführte Vitamin-A-Verabreichung über das Trinkwasser an zwei aufeinanderfolgenden Tagen wird der Behandlungserfolg gefördert.

Bei extensiver Hühnerhaltung sollten die Hühner erst dann in den Auslauf gelassen werden, wenn dieser abgetrocknet ist, damit die Aufnahme von Regenwürmern weitgehend vermieden wird. Da die Haarwurmeier gegen Austrocknung sehr empfindlich sind, ist bei intensiver Hühnerhaltung für eine Trockenhaltung der Stalleinstreu Sorge zu tragen, um die Reifung und damit die Ansteckungsfähigkeit durch die Haarwurmeier zu hemmen.

Im Hühnerstall herumfliegende Vögel sind sehr häufig die Ursache für eine Haarwurmerkrankung der Hühner, da sie Träger von Haarwürmern sein können. Ihre Entfernung ist daher unerlässlich.

Bandwürmer (Cestoden)

Von den vielen Bandwurmarten, die bei den Hühnern auftreten können, ist der kleine Hühnerbandwurm (*Davainea proglottina*) am gefährlichsten. Er ist nur 2 bis 3 mm lang, 0,5 mm breit und daher mit dem bloßen Auge nur schwer zu erkennen. Andere Bandwurmarten können bis zu 25 cm lang werden. Jeder Bandwurm besteht aus dem Kopf (Skolex) und einer mehr oder weniger großen Anzahl von Endgliedern (Proglottiden), die die Länge des Wurmes bestimmen. Der Kopf verankert sich mit seinen Saugnäpfen und dem Hakenkranz in der Schleimhaut des Dünndarmes. Die Endglieder, die nach einer Reifungszeit abgestoßen werden und mit dem Kot in die Außenwelt gelangen, enthalten die Wurmeier. Mitunter können auf dem frisch abgesetzten Kot der Hühner kleine bläschenartige Gebilde festgestellt werden, die sich fortbewegen. Es sind die Endglieder des kleinen Hühnerbandwurmes. Für ihre Entwicklung benöti-

gen die Bandwürmer Zwischenwirte. Diese sind Schnecken, Fliegen, Regenwürmer, Käfer und Ameisen. In ihnen bilden sich aus den aufgenommenen Bandwurmeiern die Finnen. Erst wenn vom Huhn derartige Zwischenwirte gefressen werden, entwickeln sich in ihm in zehn oder mehr Tagen aus den Finnen die Bandwürmer. Die in den Zwischenwirten lebenden Finnen können annähernd ein Jahr ansteckungsfähig bleiben.

Deutlich sichtbare Krankheitserscheinungen sind bei einem stärkeren Bandwurmbefall besonders bei den Jungtieren festzustellen. Sie bestehen in Durchfall, Schwäche und Abmagerung. Bei den älteren Tieren nimmt die Erkrankung einen schleichenden Verlauf, die Legeleistung lässt nach.

Da eine Kotuntersuchung unzuverlässig ist, kann ein Bandwurmbefall am sichersten bei der Sektion der Hühner durch den Nachweis der Bandwürmer festgestellt werden.

Trotz der vielen empfohlenen Präparate gibt es bis heute kein Mittel, das mit absoluter Sicherheit die Hühner von den Bandwürmern befreit. Sie alle tragen nur dazu bei, die Endglieder des Bandwurmes abzutreiben, vermögen aber nicht den Bandwurmkopf aus der Dünndarmschleimhaut zu lösen. Das aber ist Voraussetzung für eine erfolgreiche Bandwurmbekämpfung. Am besten haben sich bisher Bandwurmkapseln bewährt. Diese müssen den Hühnern einzeln eingegeben werden.

Da die Schnecke – als häufigster Zwischenwirt des Bandwurmes – nicht im Stall, sondern im Auslauf lebt, tritt ein Bandwurmbefall bei den Hühnern im Allgemeinen nur dann auf, wenn diese extensiv gehalten werden. Die Hühner sollten nicht in den Auslauf gelassen werden, bevor dieser vom Morgentau oder von der Regenfeuchtigkeit abgetrocknet ist.

Zur Desinfektion gegen Wurmeier und alle Darmparasitenarten eignen sich Dekaseptol und Lomasept.

Rote Kükenruhr (Kokzidiose)

Die Erreger dieser Krankheit, die Kokzidien, gehören zu den einzelligen Lebewesen. Bis heute sind bei den Hühnern neun Kokzidienarten bekannt. Der Entwicklungskreislauf der Kokzidien ist sehr kompliziert. Er spielt sich in der Außenwelt und im Darm der Hühner ab. Bei genügendem Vorhandensein von Wärme, Feuchtigkeit und Sauerstoff reifen die mit dem Kot eines erkrankten Tieres ausgeschiedenen Dauerformen der Kokzidien zu ansteckungsfähigen Oozysten heran. Die im Darm des Huhnes ablaufende Phase der Entwicklung löst den eigentlichen Krankheitsprozess aus.

Die Ansteckung mit den Kokzidien erfolgt am häufigsten über das Futter und Trinkwasser, das mit oozystenhaltigem Kot verunreinigt ist. Da die Oozysten in der Außenwelt über ein Jahr ansteckungsfähig bleiben können, tragen infizierte Ausläufe und mangelhafte Stalleinstreuverhältnisse wesentlich zu einer Infektion bei. Erwachsene Hühner, die sehr häufig Kokzidienträger sind, können bis zu acht Monaten Oozysten ausscheiden, ohne selbst Krankheitsmerkmale zu zeigen.

Die Kokzidiose tritt in zwei Formen auf. Im Alter von 2 bis 8 Wochen erkranken die Hühnerküken an Blinddarmkokzidiose. Von der 6. Lebenswoche an steht die Dünndarmkokzidiose im Vordergrund. Manchmal werden beide Krankheitsformen gleichzeitig festgestellt.

Blinddarmkokzidiose

Das Eindringen der Krankheitserreger in die Zellen der Darmschleimhaut führt zur Zerstörung zahlreicher kleiner Blutgefäße und dadurch zu schweren gesundheitlichen Schädigungen. Die hierbei auftretenden Blutungen können so heftig sein, dass die Tiere blutigen Kot absetzen und infolge Verblutung der Tod eintritt. Drei Tage nach Aufnahme der Oozysten zeigen die Tiere ein gestörtes Allgemeinbefinden, das sich durch ein struppiges Gefieder, Hängenlassen der Flügel, Schläfrigkeit wie auch eine verringerte Futter- und Trinkwasseraufnahme äußert. Erkrankte Küken können wieder langsam genesen, jedoch bleiben diese Tiere meistens im Wachstum zurück und kümmern.

Dünndarmkokzidiose

Diese wird durch die Mehrzahl der Kokzidienarten hervorgerufen. Sie ist durch eine Entzündung des Dünndarms gekennzeichnet, die – je nach Erregerart – in den verschiedenen Abschnitten desselben verläuft. Da die Dünndarmkokzidiose im Allgemeinen einen schleichenden (chronischen) Verlauf nimmt, sind die klinischen Erscheinungen nicht so auffallend; deshalb wird die Krankheit häufig zu spät erkannt.

Infolge der durch die Krankheit hervorgerufenen Darmentzündung

Ein frischer, mit kurzem Gras bewachsener Auslauf ist für junge Gänschen hervorragend.
Sie fühlen sich sicher an der Seite ihrer Mutter.

kommt es zur Zerstörung wichtiger Darmzellen, die nicht wieder erneuert werden können. Die entzündete Darmschleimhaut ist verdickt, teilweise wundschorfig oder geschwürig verändert und in ihrer Funktion der Futterauswertung wesentlich beeinträchtigt. Die Folge hiervon sind Entwicklungsstörungen bei den Jungtieren, Abmagerung, unbefriedigende Legeleistung bei den Legehennen und eine erhöhte Anfälligkeit gegenüber anderen Infektionskrankheiten. Mit zunehmender Krankheitsdauer hocken die erkrankten Tiere mit gekrümmtem Rücken und struppigem Gefieder, das infolge des bestehenden Durchfalls in der Kloakengegend stark verschmutzt ist, teilnahmslos herum. Kehllappen und Läufe werden blassfarben. Mitunter werden Lähmungserscheinungen beobachtet.

Wegen der ständigen Gefahr eines Seuchenausbruches während der Aufzucht liegt der Schwerpunkt der Kokzidienbekämpfung in der Krankheitsvorbeuge. Um die Bildung einer Immunität gegen die Kokzidiose zu fördern, die zwar zeitlich begrenzt und nur gegen die Kokzidienart wirksam ist, für die sie entwickelt wurde, werden heute dem Aufzuchtfutter für Küken und Jungtiere die so genannten Kokzidiostatika beigemischt. Die Mengen dieser Mittel sind so berechnet, dass sie eine milde Infektion mit den überall vorhandenen Kokzidien gestatten, ohne dass es zu gesundheitlichen Schäden der Tiere kommt. Diese medikierten Aufzuchtfutter bieten aber keinen absoluten Schutz gegen einen Kokzidioseausbruch, insbesondere dann nicht, wenn die Aufzuchthygiene vernachlässigt wird, und es dadurch zu einer massiven Infektion kommen kann.

Für die Behandlung einer an Kokzidiose erkrankten Hühnerherde stehen eine Reihe von Antikokzidiosemittel zur Verfügung. Der Einsatz dieser Präparate kann nur erfolgreich sein, wenn sie rechtzeitig und in den erforderlichen Mengen zur Anwendung kommen. Die Verabreichung der Medikamente erfolgt über das Trinkwasser. Die bei den einzelnen Präparaten festgelegten Verabreichungsmengen und Absetzzeiten sind genauestens einzuhalten. Durch zu hohe Dosierungen kann es zu Vergiftungen, Nierenschädigungen, Vitamin-Mangelerscheinungen und zu Schädigungen der Keimdrüsen wie auch des Eierstockes kommen.

Der Verlauf der Kokzidioseerkrankung hängt aber nicht nur vom rechtzeitigen und konsequenten Einsatz der Heilmittel ab, sondern auch weitgehend von den gleichzeitig durchzuführenden hygienischen Maßnahmen, die Neuerkrankungen unmöglich machen. Da bei einer Kokzidioseerkrankung die Vitaminreserven des Huhnes stark beansprucht werden, ist im Anschluss an die Behandlung ein Vitaminstoß unerlässlich.

Zur Desinfektion eignen sich Dekaseptol-, Eimeran-, Helasept- oder Lomaseptlösung.

Bakterielle Krankheiten

Ansteckender Schnupfen

Ausgelöst wird die Krankheit nicht allein durch die verschiedenen bakteriellen Krankheitserreger, die auch auf der Nasen-Rachen-Schleimhaut des gesunden Huhnes vorkommen können, sondern auch durch andere Ursachen, die die Widerstandskraft des Huhnes wesentlich herabsetzen können. Nasskalte Witterung und zugige Stallungen, feuchte Einstreu, Temperaturschwankungen, schlechtes Stallklima und Fütterungsfehler, wie auch unsachgemäße Transporte, Darmparasitenbefall u. a.m. zählen zu diesen begünstigenden Ursachen. Die Krankheitsübertragung erfolgt durch Kontakt mit erkrankten Tieren wie auch über Futter und Trinkwasser, das mit infiziertem Nasen-Rachen-Sekret oder mit erregerhaltigem Kot verunreinigt ist. Die Inkubationszeit beträgt 1 bis 3 Tage.

Die Krankheitserscheinungen beginnen im Allgemeinen mit einem Niesen und Kopfschütteln, wobei Nasenausfluss auftritt mit einem zunächst wässerig-klaren Sekret, das später eitrig und übelriechend wird. Das Nasensekret vermischt sich mit Stallstaub, sodass die Nasenöffnungen verstopft werden. Der Sekretabfluss wird gehemmt und es kommt zu einer Gesichtsauftreibung, die schließlich zum so genannten „Eulenkopf" führt. Durch den fortschreitenden Krankheitsprozess werden die Luftröhre und die Bronchien krankhaft verändert und führen zu Schnabelatmung und Atembeschwerden. Das Allgemeinbefinden der Tiere ist je nach Schwere der Erkrankung gestört. Die Futteraufnahme und die Legeleistung lassen nach, die erkrankten Tiere magern ab und können in langwierigen Fällen infolge Erschöpfung oder Erstickung

verenden. Die Schleimhäute der Nasen-, Augen- und Nasennebenhöhlen wie auch die der Luftröhre und der Bronchien sind entzündlich gerötet und angeschwollen. Die Nasennebenhöhlen und die Gaumenspalte sind mit schleimigem, gelblich weißem Entzündungswasser angefüllt.

Die Diagnose bereitet aufgrund der krankhaften Erscheinungen kaum Schwierigkeiten. Drückt man nämlich mit dem Daumennagel auf die Nasendeckel des Huhnes, so tritt bei erkrankten Tieren Sekret aus den Nasenöffnungen hervor.

Eine möglichst schnelle Behandlung mit Sulfonamiden oder Antibiotika und Vitaminen, die entweder über das Trinkwasser oder mittels einer Injektion auch als Einzelbehandlung durchgeführt wird, kann den Krankheitsverlauf wesentlich abkürzen und zur Genesung führen. Gleichzeitig ist jedoch die Abstellung der begünstigenden Ursachen, die den Ausbruch des ansteckenden Schnupfens verursacht haben, unerlässlich. Hühner, die von dieser Krankheit genesen sind, bleiben etwa sechs Wochen Infektionsträger.

Mycoplasmose (CRD – Chronische Erkrankung der Atmungsorgane)

Der bakterielle Krankheitserreger ist das *Mycoplasma gallisepticum*. Diese Mycoplasmen, die auch bei gesunden Hühnern gefunden werden, ohne Erkrankungen auszulösen, entfalten erst beim Vorliegen bestimmter begünstigender Ursachen, die die Widerstandskraft der gefährdeten Tiere herabsetzen, eine krankmachende Wirkung.

Die Krankheitserreger können über das Brutei, durch Kontakt mit erkrankten Tieren, über den infizierten Kot und durch die Atemluft weiterverbreitet werden. Hühner, die von der Mycoplasmose genesen sind, bleiben lange Zeit Dauerausscheider der Erreger.

Die Krankheitserscheinungen der Mycoplasmose sind schwer zu unterscheiden von denen des ansteckenden Schnupfens. Sie sind gekennzeichnet durch Absonderung von dünnflüssigem bis schleimig-eitrigem Nasensekret und Schwellung der Nasenneben- und Unteraugenhöhlen. Atembeschwerden und Atemgeräusche stellen sich ein. Bei einer verhältnismäßig langsamen Ausbreitung der Krankheit innerhalb der Herde magern die Tiere immer mehr ab. Es tritt ein Rückgang in der Legeleistung ein, die auf etwa 50 bis 30 % abfällt und lange Zeit an der Grenze der Wirtschaftlichkeit bleibt.

Das Krankheitsbild gestattet nur einen Verdacht auf Mycoplasmose. Eine einwandfreie Diagnosestellung kann nur durch ein Sektionsergebnis – in Verbindung mit histologischen und serologischen Untersuchungen – in einem tierärztlichen Labor zur Isolierung der Krankheitserreger führen. Eine Behandlung des an Mycoplasmose erkrankten Huhnes ist möglich durch Verabreichung von Breitspektrum-Antibiotika in hohen Dosierungen.

Die Behandlung der Tiere mit Medikamenten ist jedoch zwecklos, wenn die Ursachen, die zum Ausbruch der Seuche geführt haben, nicht erkannt und nicht beseitigt werden. Da der Einsatz der Medikamente sehr kostspielig und nicht immer erfolgreich ist, kommt der Krankheitsvorbeuge bei der Bekämpfung der Mycoplasmose eine wesentliche Bedeutung zu. Diese beruht in erster Linie auf der Schaffung eines optimalen Stallklimas, einer sachgemäßen Aufzucht und Haltung der Tiere wie auch auf einer vollwertigen vitaminreichen Fütterung. Die für die Behandlung der Mycoplasmose bewährten Antibiotika können auch in prophylaktischen Dosierungen an die Tiere verabfolgt werden.

Geflügeltuberkulose

Der Erreger ist das *Mycobacterium tuberculosis avium*, an dem sich in erster Linie Hühner und Schweine infizieren, gelegentlich aber auch das übrige Hausgeflügel und Wildvögel. Unhygienische, schlechte Stallverhältnisse und Überalterung der Hühner begünstigen eine Infektion. Die Tbc-Erreger werden von erkrankten Hühnern massenhaft mit dem Kot ausgeschieden. Bakterienhaltiger Kot, verunreinigtes Futter oder Trinkwasser ist die häufigste Infektionsquelle bei der Weiterverbreitung dieser Seuche.

Die Krankheitserscheinungen sind bei Beginn wenig ausgeprägt. Ist der Krankheitsprozess fortgeschritten, magern die Hühner trotz guter Futteraufnahme ab. Das Gefieder wird rau und stumpf, der Schnabel lang, das Gesicht fällt ein und Kamm sowie Kehllappen werden dünn, welk und blau bis grau-

Besonders wohl fühlen sich Enten, wenn sich an ihren Auslauf ein kleiner Weiher anschließt.

rot verfärbt. Mitunter treten auch Lahmheit, Gelenkschwellungen und übelriechende Durchfälle auf. Die Legeleistung geht stark zurück. Durch Entkräftung oder innerer Verblutung nach Zerreißen der krankhaft veränderten Leber tritt schließlich der Tod ein. Eine Behandlung ist nicht möglich.

Die Krankheitsvorbeuge besteht in einwandfreien hygienischen Stallungen und in der Vermeidung einer Überalterung der Tiere. Nach zwei Legeperioden sollten die Hennen abgeschafft werden.

Viruskrankheiten

Geflügelpest (anzeigepflichtig)
Klassische Geflügelpest

Plötzlich auftretende, schnell um sich greifende Infektionskrankheit mit hohen Tierverlusten (bis 100 %). Die Krankheit ist weltweit vor einigen Jahen wieder massiv aufgetreten. Geflügelhalter sollten sich über die in solchen Fällen vom BMLV (Bundesministerium für Ernährung, Landwirtschaft und Verbraucherschutz) verordneten Maßnahmen informieren (www.bmelv.de).

Newcastle-Krankheit
Atypische Geflügelpest

Störung des Allgemeinbefindens, Atembeschwerden, mangelhafter Appetit, wässeriger, grünlich gefärbter Durchfall, blaurote Verfärbung von Kamm und Kehllappen. Auftreten von nervösen Erscheinungen, wie Krämpfe, Kreisbewegungen, Kopfverdrehungen, Hängenlassen des Kopfes.

Die Legeleistung erlischt schlagartig für die Dauer von vier Wochen. Eier, die noch gelegt werden, sind häufig dünnschalig (Windeier).

Die Krankheit verläuft meistens schleichend, sodass kaum Todesfälle auftreten.

Als Sektionsbefund gelten flohstichartige Blutungen am Kehlkopf, der Luftröhre, der Innenseite des Brustbeines, des Herzens, des Drüsenmagens und des Eileiters, vermehrte Blutfülle im Eierstock, in der Leber, den Nieren und den Lungen.

Um dieser Krankheit vorzubeugen, werden die Hennen dreimal im Jugendalter geimpft. Die Impfung muss später im Abstand von drei Monaten weitergeführt werden, wenn der Bestand größer als 200 Hennen ist.

Infektiöse Bronchitis (IB)

Das Bronchitisvirus wird durch Kontakt mit infizierten Tieren, durch die verschiedensten Zwischenträger und durch die Luft weiterverbreitet.

Infolge sehr schneller Ausbreitung der Krankheit tritt eine schlagartige Erkrankung des gesamten Bestandes auf. Erscheinungen sind Atemstörungen in Form von offener Schnabelatmung, Husten und Röcheln, mitunter Auftreten von Nasenausfluss und feuchte, verklebte Augen. Bei Jungtieren tritt eine Wachstumsverzögerung ein sowie eine Schädigung der Legeorgane. Legehennen reagieren mit einem Leistungsabfall von 15 bis 20 %, der mehrere Wochen anhalten kann. Die Eier, die noch gelegt werden, sind dünnschalig oder haben eine raue, runzelige Oberfläche. Das Eiweiß ist von wässeriger Beschaffenheit und die Dotter zerfließen sehr leicht. Auffallend ist, dass viele gutaussehende Hennen das Nest aufsuchen, ohne zu legen. Der Appetit ist herabgesetzt. Die Tiere verweigern die Aufnahme von Mehlfutter und bevorzugen Körner.

Eine Behandlung ist nicht möglich.

Zur Unterstützung der Widerstandskraft der erkrankten Tiere sind zusätzliche Vitamingaben und die Verabreichung von Antibiotika zu empfehlen.

Zur Vorbeuge werden Junghennen zweimal geimpft und verfügen über einen gewissen Impfschutz.

Geflügelpocken

Das Geflügelpockenvirus wird von Huhn zu Huhn durch blutsaugende Insekten und durch Wildvögel übertragen.

Es wird zwischen einer Haut- und einer Schleimhautform unterschieden, die entweder einzeln oder auch gemeinsam auftreten können. Bei den Hautpocken erscheinen besonders am Kamm und Kehllappen schwarzbraune, warzenähnliche Erhebungen. Bei den Schleimhautpocken kommt es zu diphtheroiden Belägen im Nasen-Rachen-Raum. Die Mehrzahl der Tiere leidet unter Atembeschwerden, Appetitlosigkeit, Abmagerung und Nasenausfluss. Der Rückgang in der Legeleistung kann mehrere Monate anhalten.

Es finden sich gelbkäsige Beläge auf den Schleimhäuten, der Nasen-Rachen-Höhle, dem Kehlkopf, der Luftröhre und in den Luftsäcken sowie der Lunge.

Eine Einzelbehandlung der erkrankten Tiere durch Entfernen der

Beläge und Bestreichen der Wundflächen mit Jodglyzerin ist möglich, jedoch aufwändig. Vitamin-A- und Antibiotikagaben stärken die Widerstandskraft der Tiere und führen zu einem schnelleren Wiederansteigen der Legeleistung.

Für die Immunisierung durch eine Schutzimpfung ist im Junghennenalter Sorge zu tragen.

Leukose

Die Leukose des Geflügels wird durch ein Virus hervorgerufen. Dieses kann bereits über das Brutei, das von erkrankten Hennen stammt, auf die Küken übertragen werden. Weiterhin kann eine Infektion von Küken zu Küken schon während des Schlupfes im Brutschrank erfolgen.

Außer durch Kontakt mit erkrankten Tieren ist die Krankheit auch durch infizierte Stallluft und durch mit erregerhaltigem Kot verunreinigte Stalleinstreu, Futter- und Trinkgefäße übertragbar. Am empfänglichsten sind Küken in den ersten Lebenswochen.

Eine beginnende Leukose ist am lebenden Tier nur sehr schwer zu erkennen. Erst bei fortgeschrittenem Krankheitsprozess sind eine Störung des Allgemeinbefindens, verminderter Appetit, Durchfall, Abmagerung und ein Einstellen der Legetätigkeit zu beobachten. Verdächtige Anzeichen sind Blasswerden und Welken des Kammes und der Kehllappen. Am häufigsten tritt die Krankheit bei Junghennen im Alter von 5 bis 10 Monaten auf.

Infolge der ungehemmten Neubildung von weißen oder roten Blut-

Gössel bei ihrem ersten Ausflug ins Grüne. Ein Knotengitter begrenzt zuverlässig den Auslauf.

körperchen kommt es zu tumorartigen Wucherungen des blutbildenden Gewebes. Man spricht daher auch von einer Lymphomatose. Bei der Sektion an Leukose erkrankten oder verendeten Hühnern ist daher häufig eine stark vergrößerte Leber, die das Mehrfache ihres normalen Gewichtes errei-

chen kann, festzustellen. Auch Milz und Nieren können stark vergrößert sein. Fast immer sind an den krankhaft veränderten Organen eingelagerte Herde von verschiedener Form und Größe mit zum Teil speckigem Charakter anzutreffen. Auch Darm, Eierstock, Lunge, Herz und Haut können leukotisch erkranken und vergrößert sein.

Die Leukose ist bis heute durch Medikamente nicht zu behandeln. Aus einer leukoseerkrankten Herde sind sämtliche Tiere mit Leukoseverdachtanzeichen zu entfernen. Vorbeugend sind strenge hygienische Maßnahmen während der Aufzucht zu ergreifen. Jungtiere dürfen bis zum Alter von zwölf Wochen keinesfalls mit den Alttieren in Berührung kommen.

Die Marek'sche Hühnerlähme

Ein Virus, das sich im Gehirn, im Rückenmark, im Nervengewebe und in den Darmentleerungen kranker Hühner befindet, ist die Ursache für die Marek'sche Lähme. Es ruft Entzündungen und krankhafte Veränderungen im Nervensystem der betroffenen Tiere hervor.

Die Infektion kann bereits im Brutschrank während des Kükenschlupfes erfolgen, doch finden die meisten Infektionen während der Aufzucht statt, insbesondere dann, wenn die Aufzuchthygiene mangelhaft ist. Kontakt mit Alttieren, die Virusträger sein können, und die Aufnahme der Krankheitserreger über die mit infiziertem Kot, verunreinigte Einstreu, Futter- und Trinkgefäße, sind die häufigsten Infektionsquellen. Kokzidien- und Darmparasitenbefall setzen die Widerstandskraft ihrer Wirtstiere herab und begünstigen dadurch eine Infektion. Eine Weiterverbreitung der Krankheit über das Brutei, das von erkrankten Hennen stammt, ist möglich.

Im Allgemeinen treten die ersten äußerlich sichtbaren Krankheitsmerkmale im Alter von drei bis sechs Monaten auf, meist jedoch kurz vor oder nach Beginn der Legetätigkeit oder der Geschlechtsreife.

Je jünger die Küken sind, desto größer ist die Infektionsgefahr. Von der 6. Lebenswoche an wächst die Widerstandskraft gegen die Krankheitserreger in zunehmendem Maße, sodass sich acht Wochen alte Küken nur noch schwer infizieren und nach der 16. Lebenswoche eine Infektion kaum noch möglich ist. Da die Krankheitserreger im gesamten Nervensystem krankhafte Veränderungen auslösen können, zeigt sich das Krankheitsbild sehr verschieden. Vor allem kommt es zu Lähmungen der Läufe – wobei die vor- und rückwärts gestreckten Läufe charakteristisch sind – der Flügel, des Halses, der Atmungsorgane und zu Pupillenverzerrungen. Nach Fortschreiten des Krankheitsprozesses treten Abmagerung und Atembeschwerden hinzu. Die Legeleistung wird eingestellt und nach einem mehr oder weniger langen Siechtum sterben die Hühner an Erschöpfung.

Eine Behandlung erkrankter Tiere ist nicht möglich. Seit Jahren jedoch werden schon die Eintagsküken gegen die Marek'sche Lähme schutzgeimpft.

Krankheiten der Gänse

Die Viruskrankheiten der Gänse können durch Impfung der Elterntiere bzw. Serumbehandlung der Gössel weitgehend gemildert werden.

In den ersten Lebensmonaten kann es jedoch zu parasitären Erkrankungen kommen, nämlich zur Magenwurmseuche. Sie kann hohe Verluste hervorrufen. Deshalb ist es so wichtig, jungen Gänsen frische oder sorgfältig desinfizierte Ausläufe zur Verfügung zu stellen. Eine Ansteckung erfolgt über Wurmeier, die mit dem Kot ausgeschieden werden und in dem sich unter günstigen Bedingungen Larven entwickeln. Diese bewegen sich an Grashalmen oder auch in stehenden Gewässern. Hier können sie von den jungen Tieren aufgenommen werden. Die Weiterentwicklung der Larven zu geschlechtsreifen Würmern erfolgt dann in der Schleimhaut am Übergang vom Drüsen- zum Muskelmagen. Hier zerstören die Würmer das Gewebe unterhalb der Magenhornhaut. Die jungen Tiere magern ab. Schwer erkrankte Tiere zeigen Kopfschlenkern, Lähmungserscheinungen und gehen schließlich ein. Bei Erkennen der Magenwurmseuche ist eine Wurmkur vorzunehmen. Bewährt haben sich Concuratpräparate.

Ältere Gänse erkranken selten sichtbar, können aber Ausscheider von Wurmeiern sein.

Gänse können auch von Kokzidiosearten befallen werden. Die am häufigsten auftretende und die größten Verluste hervorrufende ist die Nierenkokzidiose. Es erkranken in der Regel über zwei Monate alte Gössel. Eine verminderte Futteraufnahme und zunehmende Mattigkeit weisen auf diese Krankheit hin. Später treten Gleichgewichtsstörungen auf. Oft sterben die Tiere nach kurzer Zeit im Zustand hochgradiger Abmagerung.

Eine Behandlung erfolgt über das Trinkwasser mit Sulfonamiden.

Krankheiten der Enten

Enten sind gegen Krankheiten recht widerstandsfähig, wenn die hygienischen Bedingungen in Ordnung sind.

Eine Krankheit, die gelegentlich auftreten kann, ist die New Duck Disease. Die Tiere hocken frierend mit angezogenem Hals und gekrümmtem Rücken dicht zusammen. Es kann zu schleimigem Nasenausfluss mit Atembeschwerden kommen; bei älteren Tieren auch zu Gelenkschwellungen. Nach ein bis zwei Tagen treten Verluste auf. Nach acht Tagen ist der Bestand durchseucht und die Todesfälle hören auf. Die Tiere fressen wieder und nehmen rasch zu, jedoch erreichen die Mastenten in der vorgesehenen Zeit nicht mehr die normalen Schlachtgewichte. Eine Behandlung erfolgt über Trinkwasser mit Antibiotika.

Parvovirushepatitis der Gänse und Barbarie-Enten

Diese Infektionskrankheit, auch als Derzsy-Krankheit bekannt, tritt sowohl bei Gänsen als auch bei Barbarie-Enten auf. Besonders krankheitsgefährdet sind Küken. Die Tiere werden matt und bleiben im Wachstum zurück, typisch sind Befiederungsstörungen im Rücken- und Flügelbereich. In diesem Stadium sind die Tiere besonders gegen andere Infektionen anfällig. Meistens erholen sich die Küken aber nach einigen Tagen wieder und erreichen zu einem späteren Zeitpunkt dann normale Zunahmen. Die Ausfälle halten sich zumeist in Grenzen.

Die überlebenden Tiere bleiben Virusträger, sodass eine Infektionsge-

Ein genügend großer Auslauf bietet auch verschiedenen Geflügelarten Bewegung und die Möglichkeit zur Futtersuche.

fahr für jüngere Tiere fortwährend gegeben ist, sofern sie zusammen gehalten werden.

Eine erfolgreiche Behandlung der Parvovirose ist nicht bekannt. Impfung der Elterntiere und dann der Küken im Alter von drei bis vier Wochen ist möglich.

Zusammenfassend kann gesagt werden, dass sich Krankheitserscheinungen oft gleichen. Da aber eine einwandfreie Diagnose die Voraussetzung für eine gezielte Behandlung ist, empfiehlt es sich, einen erfahrenen Tierarzt oder den Geflügelgesundheitsdienst zu Rate zu ziehen.

Schlachtung von Geflügel

Nach Beendigung der Mastperiode oder des Legejahres ist die Zeit zur Schlachtung gekommen. Sollen die Tiere nicht lebend abgegeben werden, sondern sind sie für den Eigenverbrauch oder für den Verkauf vorgesehen, müssen sie brat- oder kochfertig hergerichtet werden.

Die zum Schlachten vorgesehenen Tiere werden 24 Stunden vorher zum letzten Mal gefüttert, Wasser sollten sie jedoch noch weiter trinken können. Es ist wichtig, dass die Tiere nüchtern sind, das erleichtert später das Ausnehmen erheblich.

Der Schlachtvorgang ist bei allen Geflügelarten der gleiche. Laut Gesetz sind die Tiere vorher zu betäuben. Das kann durch einen elektrischen Stromstoß geschehen, wie es in großen Schlachtanlagen erfolgt oder von Hand mit einem kurzen stabilen Rundholz. Das Schlachttier wird mit einem harten Schlag auf den Schädel betäubt und dann wird ihm sofort mit einem scharfen Messer die Kehle durchschnitten. Beide Halsschlagadern müssen dabei durchtrennt werden, sodass das Tier schnell ausblutet.

Bewährt haben sich Schlachttrichter auch für wenige zu schlachtende Tiere. Nach dem Betäuben wird das Tier mit dem Kopf nach unten in den Trichter, der der Größe der Geflügelart angepasst sein sollte, hineingesteckt. So kann der Halsschnitt gut durchgeführt werden, ohne dass der Schlachtende durch Flattern und Zucken der Tiere behelligt wird. Die Tiere bleiben so lange in dem Trichter, bis sie völlig ausgeblutet sind. Das Blut fließt in ein darunter gestelltes Becken oder eine Rinne. Nach dem Ausbluten wird mit dem Rupfen begonnen. Mit der Hand werden nur noch Tiere gerupft, wenn es sich um einzelne Tiere handelt. In den meisten Betrieben, die öfter Schlachtgeflügel herrichten, sind Rupfmaschinen in Gebrauch.

Eine merkliche Erleichterung des Rupfens wird durch „Brühen" erreicht, d. h. die ausgebluteten Tiere werden in heißes Wasser getaucht, damit die Federn sich lösen:

Hühner   56–60 °C 30– 45 sec.
Broiler   54–56 °C 30– 40 sec.
Gänse   65–70 °C 60–120 sec.
Enten   62–68 °C 60–120 sec.

Grundsätzlich ist zum Brühen zu sagen, dass bei niedrigeren Temperaturen die Zeit des Eintauchens länger sein kann, um zu erreichen, dass sich die Federn leicht lösen. Bei höheren Temperaturen muss die Einwirkungszeit des Wassers abgekürzt werden. Bei zu heißem Brühen leidet oft die obere Hautschicht (Epidermis) und wird mit den Federn entfernt. Dies lässt nach dem Rupfen häßliche braune Flecken auf dem Tierkörper erscheinen. Zweckmäßig ist es deshalb, einmal an den Brustfedern zu probieren, ob sie sich schon leicht lösen.

Bei Wassergeflügel sollten die Schlachttiere im Brühwasser einige Male auf und ab bewegt werden, damit das Wasser gut an die Haut herankommt und den gewünschten Erfolg hat.

Alle Geflügelarten können natürlich auch trocken mit der Hand gerupft werden; das ist aber eine recht mühsame Arbeit und nur möglich, wenn einzelne Tiere zur Schlachtung kommen.

Beim Rupfen mit der Hand werden zunächst die großen Federn von den Flügeln und vom Schwanz entfernt, dann beginnt man an der Brust, es folgen Schenkel, Rücken, Hals und Flügel. Stoppeln und Fadenfedern werden erst zum Schluss mit Hilfe eines Messers entfernt.

Eine andere Methode des Rupfens ist z. B. bei Gänsen das „Dämpfen" mit dem Bügeleisen. Dabei werden die einzelnen Körperpartien, beginnend mit der Brust, eine nach der anderen mit einem nassen Tuch bedeckt und mit dem heißen Bügeleisen gedämpft und sofort gerupft. Die Federn lösen sich leicht. Dann folgt die nächste Partie.

Die geschlachteten Gänse können auch im Dampfbad gedämpft werden. Dazu ist ein großer Kessel mit heißem Wasser erforderlich, in dem sich oberhalb der Wasserfläche ein Rost befindet, auf den das Tier oder die Schlachttiere einige Minuten mit der oberen und unteren Seite gelegt werden. Der Kessel muss durch einen Deckel verschlossen sein, damit der Dampf gut durch das Gefieder ziehen kann. Direkt nach dem Dämpfen muss von Hand gerupft werden, zuerst die

großen Federn, danach folgen in üblicher Reihenfolge Brust, Schenkel, Rücken und Flügel. Es ist auch hier darauf zu achten, dass das Dämpfen nicht zu lange ausgedehnt wird, um die Haut nicht zu weich werden zu lassen. Wird trotzdem die Oberhaut in Mitleidenschaft gezogen, kann man braunen Flecken vorbeugen, indem der Schlachtkörper nach dem Rupfen sofort in kaltes Wasser getaucht wird. Das gilt im übrigen bei jeder Art des Brühens.

Beim Rupfen mit der Rupfmaschine geht man folgendermaßen vor: Zuerst werden die großen Federn, das sind die Schwung- und Schwanzfedern, mit der Hand entfernt. Nach richtigem Brühen ist das Rupfen mit einer einfachen Trommelrupfmaschine – wobei die Federn mittels Gummifingern vom Schlachtkörper entfernt werden – bei Hühnern und Broilern schnell und leicht geschafft.

Beim Wassergeflügel ist das Rupfen etwas schwieriger. Hier sollte dem Brühwasser ein geruchfreies Spülmittel zur Entfettung der Federn und Entspannung des Wassers beigegeben werden. Für Wassergeflügel sind Zentrifugenrupfmaschinen geeigneter als Trommelrupfmaschinen. Ein Nachrupfen von Hand ist immer erforderlich, denn oft bleiben festhaftende Federn und Kiele zurück, die noch entfernt werden müssen. Vor allem wenn die Tiere dunkle Federn haben, wirkt der Schlachtkörper sehr unansehnlich, wenn dunkle Stoppeln daran bleiben. Deshalb ist man auch im Laufe der Jahre dazu gekommen, weißfiedrige Masttiere zu züchten, sei es nun bei Broilern, Enten oder Gänsen. Bei Hühnern ist es eine Frage der bevorzugten Rasse; Wirtschaftsrassen haben in der Regel helles Untergefieder.

Wird eine größere Anzahl von Wassergeflügel geschlachtet und will man sich die zeitraubende Arbeit des Nachrupfens ersparen, ist der Einsatz von Rupfwachs zu empfehlen. In einem Gefäß, das den Ausmaßen der Tiere angepasst ist, wird Rupfwachs auf etwa 54 bis 55 °C erwärmt und auf dieser Temperatur gehalten. Mit einem Liter Wasser, das man in den Bottich mit dem Wachs schüttet und das sich unten absetzt, kann ein Anbrennen vermieden werden.

Nun wird ein Tier nach dem anderen einige Male in das Wachsbad getaucht, wobei es an den Läufen festgehalten wird, bis es von einer mindestens 2 mm dicken Wachsschicht vollkommen umgeben ist. Danach wird es in kaltes Wasser gelegt, bis das Wachs erstarrt ist. Die Wachsschicht, in die die restlichen Federn und Stoppeln eingeschlossen sind, wird nach dem Erkalten abgeschält und die Schlachtkörper sind frei von Federn und Stoppeln und bieten einen recht appetitlichen Anblick.

Das Wachs kann wiederverwendet werden, nachdem es im flüssigen Zustand durch ein Sieb von den Federresten gereinigt wurde. Nach öfterem Erwärmen und Gebrauch verliert es jedoch schließlich seine Haftfähigkeit und muss durch neues ersetzt werden.

Nachdem der Schlachtkörper außen gereinigt und vorgekühlt ist, kann mit dem Ausnehmen begonnen werden. Ein Schnitt vom Brustbein zur Kloake öffnet die Bauchhöhle und die Eingeweide werden vorsichtig heraus-

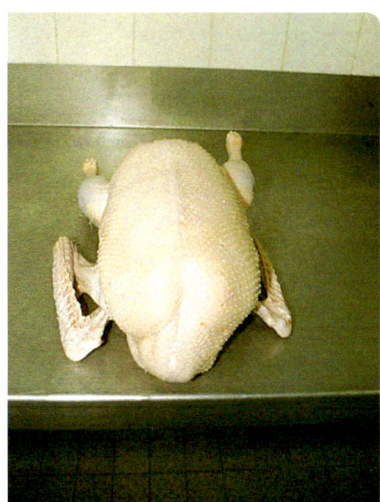

Auf die Herrichtung des Schlachtgeflügels sollte immer großer Wert gelegt werden. Dieser Schlachtkörper einer Gans präsentiert sich ansprechend.

gezogen. Der Darm und die Galle dürfen nicht verletzt werden. Die Kloake (Darmausgang) wird herausgeschnitten, der Hals nahe am Körper abgetrennt und von oben Kropf, Speise- und Luftröhre herausgezogen. Der Magen wird aufgeschnitten, gereinigt und von der Innenhaut befreit.

Der ausgenommene Schlachtkörper wird mit kaltem Wasser gründlich von Blutresten gesäubert, dabei lässt sich die Lunge leicht entfernen, die ziemlich fest zwischen den Rippen liegt.

Soll Schlachtgeflügel verkauft werden, werden Leber, Herz, Magen und Hals in die leere Bauchhöhle zurückgelegt und mit abgegeben. Die Schlachttiere sollen dann kühl aufbe-

Federmengen bei Geflügel		
	gerupfte Federn	davon verwertbar
Hühner	etwa 100 g	–
Gänse	etwa 340 g	150–200 g
Enten	etwa 125 g	90–100 g

wahrt werden und endgültig auskühlen. Für den Verkauf vorgesehenes Frischgeflügel ist bei einer Kerntemperatur von 4 °C zu lagern. Ein Verpacken in Plastiktüten darf erst kurz vor dem Verkauf erfolgen, weil Plastik luftundurchlässig ist und die Schlachtkörper an Qualität einbüssen würden. Bei Verkauf von Schlachtgeflügel ab Hof in kleinen Mengen an Direktverbraucher sind außer der selbstverständlichen Hygiene keine besonderen Maßnahmen zu beachten.

Für die Federgewinnung haben Hühner- und Broilerfedern keine Bedeutung, außer als Schmuckfedern. Das gilt auch für große Federn des Wassergeflügels. Anders sieht es dagegen mit den Daunen und Halbdaunen aus. Diese sind zur Verarbeitung gut geeignet, deshalb sollte man schonend damit umgehen. Wer sich die Arbeit machen will, kann sie schon beim Rupfen trennen. Allerdings ist es einfacher, dies von einer Verarbeitungsfirma vornehmen zu lassen, an die man die Federn abliefert. Sie waschen die Federn sowieso und sortieren sie dann nach Qualität.

Für die Gewinnung trockener Federn gibt es in größeren Betrieben spezielle Trockenrupfmaschinen, die für eine geringe Anzahl von Schlachtgeflügel kaum rentabel sein dürften, aber in speziellen Gänse- und Entenschlachtereien Verwendung finden.

Einige Zahlen auf einen Blick

Paarungsverhältnis
Hühner: 1 Hahn für 10 weibliche Tiere
12 bei leichten Rassen
8 bei schweren Rassen
Gänse: 1 Ganter für 5–6 weibliche Tiere
Enten: 1 Erpel für 5 weibliche Tiere

Wärmebedarf in der ersten Lebenswoche
Hühner 32°C
Mastküken 35°C
Gänse 35°C
Pekingenten 30°C
Barbarie-Enten 35°C

Dauer der Legeperiode
Hühner 12–14 Monate
Gänse 14–15 Monate
Pekingenten 18–10 Monate
Barbarie-Enten 5 Monate

Eigewichte
Hühner 55– 60 g
Gänse 160–240 g
Enten 60– 80 g
Barbarie-Enten 80– 90 g

Auslauffläche je Tier
Hühner 10– 15 m²
Junghennen 5– 10 m²
Küken 1– 2 m²
Gänse 150–200 m²
Enten 12– 15 m²

Mastdauer
Broiler etwa 6 Wochen
Weidemastgänse 28–32 Wochen
Barbarie-Enten, weiblich 8– 9 Wochen

Barbarie-Enten, männlich 9–11 Wochen
Pekingente 7– 8 Wochen

Brutdauer
Hühner 21 Tage
Gänse 32 Tage
Pekingenten 28 Tage
Barbarie-Enten 35 Tage

Legebeginn
Hühner 5–6 Monate
Gänse 8–9 Monate
Pekingenten 5–6 Monate
Barbarie-Enten 7 Monate

Eizahl in einer Legeperiode
Hühner 250–280 Eier
Gänse 40– 45 Eier
Pekingenten 150–180 Eier
Barbarie-Enten 60– 89 Eier

Unterbringung je m² Stallfläche
Junghennen 8–10 Stück
Legehennen 5– 6 Stück
Jungmastküken 20–25 Stück
Gänse 1– 2 Stück
Pekingenten 3 Stück
Barbarie-Enten 5 Stück

Futterverbrauch
Legehenne 42–45 kg im Jahr
Junghenne 8–10 kg in 20 Wo.

Futterverbrauch während der Mast
Broiler etwa 4 kg
Endmast, Gänse 10–14 kg
Barbarie-Enten, weiblich 5– 7 kg
Barbarie-Enten, männlich 10–12 kg
Pekingenten 9–10 kg

Service

Auskunft und Beratung

Deutschland

Baden-Württemberg
Geflügelwirtschaftsverband
Baden-Württemberg e.V.
Geschäftsstelle Bonn:
53173 Bonn, Aennchenplatz 6,
Tel. 02 28/3 72 88 80, Fax 30 89 95 91,
E-Mail linn@zdg-online.de
Geschäftsführung: Dr. Klaus-Peter
Linn

Bayern
Landesverband der Bayerischen
Geflügelwirtschaft e.V.
82133 Olching, PF 11 65,
82140 Olching, Sägmühlstr. 27,
Tel. 0 81 42/41 86 40, Fax 41 86 42,
E-Mail blvgw@aol.com,
Internet www.bayerischer-gefluegelverband.de
Geschäftsführung: Bernd Adleff

Brandenburg
Geflügelwirtschaftsverband
Brandenburg e.V.
10117 Berlin, Claire-Waldoff-Str. 7,
Tel. 0 30/28 88 31-70, Fax -71,
Mobil 01 72/2 95 66 41,
E-Mail u.schimmrigk@zdg-online.
de
Geschäftsführung: Dipl.-Ing. agr.
Ursula Schimmrigk

Hessen
Geflügelwirtschaftsverband
Hessen e.V.
Geschäftsstelle Bonn:
53173 Bonn, Aennchenplatz 6,
Tel. 02 28/3 72 88 81, Fax 30 89 95 91,
E-Mail linn@zdg-online.de
Geschäftsführung: Dr. Klaus-Peter
Linn

Mecklenburg-Vorpommern
Geflügelwirtschaftsverband
Mecklenburg-Vorpommern e.V.
17034 Neubrandenburg, Trockener
Weg 1B,
Tel. 03 95/4 30 96 37, Fax 4 21 24 86,
E-Mail info@gefluegelwirtschaft-
mv.de
Internet www.gwv-mv.de
Geschäftsführung: Silvia Ey

Niedersachsen
NGW Niedersächsische Geflügel-
wirtschaft
– Landesverband e.V.
26121 Oldenburg i. O., Mars-la-
Tour-Str. 6,
26015 Oldenburg, PF 25 49,
Tel. 04 41/98 49 84-0, Fax -1,
E-Mail ngw@lwk-niedersachsen.de
Geschäftsführung: Dipl.-Ing. agr.
Dieter Oltmann

Nordrhein-Westfalen
Geflügelwirtschaftsverband
Nordrhein-Westfalen e.V.
53229 Bonn, Siebengebirgsstr. 200,
Tel. und Fax 02 28/63 74 00, Mobil
01 72/2 66 05 39,
E-Mail info@gwv-nrw.de
Geschäftsführung: Dr. Michael Lüke

Rheinland-Pfalz
Geflügelwirtschaftsverband
Rheinland-Pfalz e.V.
Geschäftsstelle Bonn:
53173 Bonn, Aennchenplatz 6,
Tel. 02 28/3 72 88 82, Fax 30 89 95 91,
E-Mail linn@zdg-online.de
Geschäftsführung: Dr. Klaus-Peter
Linn

Saarland
Verband der Geflügelhalter
Saarland e.V.
Geschäftsstelle Bonn:
53173 Bonn,
Aennchenplatz 6,
Tel. 02 28/30 89 95 90,
Fax 30 89 95 91,
E-Mail linn@zdg-online.de
Geschäftsführung: Dr. Klaus-Peter
Linn

Sachsen
Sächsischer Geflügelwirtschafts-
verband e.V.
01809 Dohna, OT Röhrsdorf,
Am Landgut 1,
Tel. 03 51/2 70 55 39, Fax 2 02 84 22,
E-Mail gwv.sachsen@gmx.de
Geschäftsführung: Dr. Günther
Drobisch

Sachsen-Anhalt
Wirtschaftsverband Eier und
Geflügel
Sachsen-Anhalt e.V.
39108 Magdeburg, Maxim-Gorki-
Str. 13,
Tel. 03 91/5 06 76 86, Fax 5 06 76 87
Geschäftsstelle Berlin:
Tel. 0 30/28 88 31-70,
Fax -71,
Mobil 01 72/2 95 66 41,
E-Mail u.schimmrigk@zdg-online.de
Geschäftsführung: Dipl.-Ing. agr.
Ursula Schimmrigk

Schleswig-Holstein
Geflügelwirtschaftsverband
Schleswig-Holstein und Hamburg e.V.
24768 Rendsburg, Jungfernstieg 25,
Tel. 0 43 31/12 77-0, Fax 2 61 05
1. Vors.: Hans-Peter Goldnick,
Hornbrooker Hof, 23813 Nehms,
Tel. 0 45 57/9 82 56, Fax 9 82 58,
E-Mail hornbrookerhof@t-online.de

Thüringen

Geflügelwirtschaftsverband
Thüringen e.V.
99718 Greußen, Nordhäuser Str. 72,
Tel. 0 36 36/70 16 06 und -07,
Fax 70 12 67,
E-Mail frischei-greussen@t-online.de
Geschäftsführung: Wolfgang Döll-
stedt

Österreich

ZAG – Zentrale Arbeitsgemein-
schaft der Österreichischen
Geflügelwirtschaft
Dresdner Str. 89/19, 1200 Wien,
Tel. 01/3 34 17 21 – 60 und 61,
Fax 01/3 34 17 13,
E-Mail wurzer@zag-online.at
Internet www.zag-online.at

Burgenland

Arbeitsgemeinschaft der
landwirtschaftlichen
Geflügelwirtschaft Burgenland
7000 Eisenstadt, Esterházystr. 15,
Tel. 0 26 82/7 02-5 06, Fax -5 90
Geschäftsführung: Ing. Wolfgang
Pleier

Niederösterreich

Landwirtschaftlicher
Geflügelwirtschaftsverband
für Niederösterreich
3100 St. Pölten, Wiener Str. 64,
Tel. 0 27 42/2 59-32 07, Fax -93 32 07
E-Mail oliver.bernhauser@lk-noe.at
Geschäftsführung: Ing. Oliver Bern-
hauser

Oberösterreich

Landesverband der landwirtschaftlichen Geflügelwirtschaft Ober-
österreichs
4021 Linz, Auf der Gugl 3,
Tel. 0 50/69 02-13 12, Fax -18 00
E-Mail Martin.Mayringer@lk-ooe.at
Geschäftsführung: Ing. Martin May-
ringer,

Salzburg

Verband der landwirtschaftlichen
Geflügelwirtschaft Salzburgs
5020 Salzburg, Schwarzstr. 19,
Tel. 06 62/87 05 71-2 51
Geschäftsführung: Dipl.-Päd. Ing.
Ägidius Kogler,

Steiermark

Steirische Geflügel-Zucht- und
Wirtschafts-Genossenschaft mbH
8010 Graz, Hamerlinggasse 3,
Tel. 03 16/80 50-12 24
Geschäftsführung: Anton Koller

Tirol

Landesverband landwirtschaft-
licher Geflügelzüchter und -halter
Tirols
6020 Innsbruck, Brixner Str. 1,
Tel. 05 92 92/18 53
Obmann: KR Hermann Huber,
Mariastein 19, 6322 Kirchbichl,
Tel. 0 53 32/5 64 82

Vorarlberg

Vorarlberger Geflügelwirtschaftsverband
6830 Rankweil, Sennhofweg 1,
Tel. 0 55 22/7 35 53, Fax 7 35 53-50
Obmann: Gebhard Flatz

Schweiz

Verband Schweizerischer
Geflügelhalter (VSGH)
Burgerweg 24
CH-3052 Zollikofen
Tel. (031) 9111945
Fax 9116460

Literatur

Altrichter, Gerhard und Braunsber-
ger, Franz: Bäuerliche Geflügelhaltung. Produktion und Vermark-
tung. Österreichischer
Agrarverlag, Wien 1992.
Bauer, Wilhelm: Zwerghühner. Ver-
lag E. Ulmer, 2007.
Bauer, Wilhelm: Hühnerställe
bauen. Verlag E. Ulmer, 2008.
Bierschenk, Frank u. a.: Hühner und
Puten. Landwirtschaftsverlag
Münster-Hiltrup 1991.
DGS Deutsche Geflügelwirtschaft
und Schweineproduktion, Wo-
chenzeitschrift. Verlag E. Ulmer,
Stuttgart.
Geflügeljahrbuch des Zentralver-
bands der deutschen Geflügel-
wirtschaft. Verlag E. Ulmer, Stutt-
gart.
Grashorn, Michael, Regina Kuhn,
Fridhelm Volk: Geflügel Fotobuch.
Verlag E. Ulmer, 2006.
Luttitz, Horst von: Enten und Gänse
halten. 4. Aufl., Verlag E. Ulmer,
Stuttgart 1997.
Münster, Walther: Geflügelställe.
Landbuch Verlag, Hannover 1991.
Peitz, Beate und Leopold: Hühner.
Verlag E. Ulmer, 2006.
Peitz, Beate und Leopold: Hühner
halten. 7. Aufl., Verlag E. Ulmer,
Stuttgart 1995.
Woernle, Helmut, Silvia Jodas:
Geflügelkrankheiten. Verlag
E. Ulmer, 2006.

Bildquellen

Register

Sternchen * verweisen auf
Abbildungen

Abluftventilatoren   29
Abrollnest   26*, 35
Alleinfütterung   38
Amme   95*
Ansprüche, Gänse   74
Ansteckender Schnupfen   108
Asiatische Rassen   8
Askariden   102
Aufzucht   60, 77, 90
– künstliche   80, 92
– Mast   70
– natürliche   61, 80
Aufzuchtstall   62
– Schlachtgeflügel   62
– beheizen   63
Aufzuchtzeit   47, 69
Auge   12
Auslauf   19, 38f., 41f., 47, 66*,
   99*
– Pflege   42
Auslauffläche   123
Auslaufhaltung   8, 15, 33*
Auslaufhühner   72
Auslaufmöglichkeiten   73
Ausnehmen   119, 121

Bademöglichkeit   73, 76, 78
Bandwürmer   106
– Zwischenwirt   106
Barbarie-Ente   86*, 87ff.
Baumaterialien   20f.
Befruchtung   16, 52, 73, 76f.
Beifütterung   38, 82
Beleuchtung   30, 46f., 64f., 71
Beleuchtungsplan   30, 46
Beleuchtungszeit   65
Belüftung   29
Blender   50
Blinddärme   15, 104
Blinddarmkokzidiose   106
Bodenhaltung   19, 21, 27, 39
Braune Legehennen   33*
Broilermast   69
Brühen   119f.

Brut   7, 12, 14, 47
– künstliche   57f., 78, 81, 91
– natürliche   52, 77, 80, 90
Brutapparat   60, 79, 91
Brutdauer   56, 88, 92, 123
Bruteier, Qualität   51, 56, 78
Brutgans   77
Brütigkeit, unerwünschte   47f.
Brutmaschine   57, 60, 91
– Temperatur   57, 59, 79, 91
Brutnest   52*, 53*, 55f., 91*
Brutraum   91, 100
Bruttemperatur   79, 91f.

Capillarien   104
Cestoden   105

Dämpfen   120
Darm   15
Darmparasiten   102ff.
Dauen   12, 84f., 122
Deckfedern   12
Desinfektion   59, 70, 100
Direktverbraucher   122
Domestikation, Enten   10
– Gänse   9
– Hühner   7
Doppeleier   51
Dotterfarbe   40
Drahtroste   96
Dunkelstall   46
Dünndarmkokzidiose   106

Ei   16ff., 56f., 65, 77, 86
– Aufbau   17*
– Aufbewahrung   18
– Entstehung   16
– Hauptbestandteile   17
Eidotter   15ff.
Eier, doppeldottrige   51
– Wenden   56, 59
Eierfressen   28, 33ff.
Eierschalen   8, 34, 57, 60
Eierstock   15ff.
Eigeschmack   18, 88
Eigewicht   42f., 77, 87f., 123
Eileiter   15f.

Einstreu   19, 25ff., 70ff., 80ff.
   84f., 89f. 92f., 96f., 100f.
Eintagsküken, Versand   67*
Einzelnester   25*, 26
Eischale   17f., 36, 40, 54, 57
Eiweiß 16, 18, 35, 98, 112
Eizahl, Legeperiode   123
Eizahn   56
Elektrostrahler   62
Embryonen, abgestorbene   60
Enten   5f., 86ff., 117ff., 86ff.
Entenbrut, Ablauf   92
– Schlupfbrut   92
– Vorbrut   92
Enteneier   18, 56, 86ff.
Entenrassen   86ff.
Entlüftung   29f.
Entwöhnungskäfig   48
Erpel   6*, 93f.

Fadenfedern   12, 120
Fallnest   26*, 26
Familiennest   27*, 27
Fanghaken   51*, 51
Federgewinnung   122
Federlinge   28, 100ff., 102
Federmengen   122
Federn   10, 12ff., 84f., 97,
   119ff.
Federpicken   3f., 68, 71
Flächenbrüter   57ff, 78f., 91
Flaumfedern   12
Fleischqualität   72
Flugente   siehe Barbarie-Ente
   und Enten
Follikelsprung   15, 17
Frühjahrsbrut   65
Futterautomat   22*, 23, 23*
– Auslauf   66*
Futtergefäß 23
– Kükenaufzucht   66*
Futtergräser   42
Futterkosten   24, 43, 97
Futtermittel   14
Futtertrog   24*, 61, 92
Fütterung   35ff., 62, 68
– Enten   89, 93f.

– Gänse   74, 77, 80, 82, 84ff.
– Küken   62, 67f., 71
Fütterungstechnik   38
Futterverbrauch   19, 39, 68f., 93f.
Futterverluste   71, 94, 97
Futterverwertung   29, 31, 40, 72, 94

Gänse   5f., 18f., 21*, 24*, 73ff., 119ff.
Gänsebrut, Ablauf   79
Gänsebrüterei   80
Gänseeier, Bruttemperatur   79
– kühlen   79
– wenden   79
Gänseherde   74*
Gänsenest   78*
Gänsestall   74
Gänseweide   81
Ganter   76, 123
Gefieder   49ff., 78, 97, 103*
Geflügelhaltung, Voraussetzungen   5ff.
Geflügelpest   112
Geflügelpocken   113
Geflügelstall   19ff.
Geflügeltuberkulose   110
Gehör   12
Gemeinschaftsnest   27
Geruchssinn   12
Geschlechtsorgane   15
Geschmackssinn   12
Gewichtsentwicklung   94
Gewichtszunahme   40, 84
Glucke   47f., 55ff., 61f.
Gössel, Fütterung   80
Graugans   9
Greifvogel   41, 68f.
Grit   15, 23f., 36

Haarwürmer   104
Hafermast   84
Hahnenküken   62, 72
Halbdaunen   122
Halsmauser   12, 48
Hautparasiten   101
Hennenküken   62
Heterakiden   104
Höckergans   10, 76*
Holztrog   24*
Hormone   17, 36, 98
Hühnerei, Zusammensetzung   17
Hühnerhaltung   31ff.

Hybriden   8, 72
Hybridhühner   31
Hygiene   62, 76, 99, 108, 122

Impfungen   100
Infektiöse Bronchitis   101, 112
Infrarotstrahler   62

Junggeflügelmast   70ff.
Junghennen   43*, 65, 100, 112, 123
– Aufzucht   68f.
– Fütterung   68
Junghenneneier   42
Junghennenkauf   31
Junghennenzeit   69

Khaki-Campbell   87
Knotengitter   114*
Kokzidienbekämpfung   108
Kokzidiose   41, 1ff., 117
Konturfedern   12
Körner   34, 36, 68f., 82, 89, 113
Körnerfütterung   36
Körnergaben   28, 34, 38f., 68, 84
Körperbau   11f., 76
Körpergewicht   36, 38, 43
Kotgrube   20*, 22f., 25f., 69, 101
Krankheiten   19, 30, 38, 61, 98ff.
– bakterielle   109ff.
– Enten   117
– Gänse   116
– Vorbeugemaßnahmen   98
Krankheitsübertragungen   61, 69
Kropf   14*, 15, 39, 101, 121
Kühlen, Enteneier   91
Kükenaufzucht   60f., 67, 69f.
– Futtergefäße   66*
– künstliche   62
– natürliche   61f.
Kükenauslauf   68f.
Kükenring   64, 64*, 69f., 92
Kükenstarter   67, 71
Kunstbrut   58

Lattenroste   96f.,
Legebeginn   42, 49, 51, 77, 123
Legeenten   87f.
Legegänse   74ff.
Legehennen, Unterscheidungsmerkmale   49

Legehybriden   72
Legeleistung   29ff., 38ff., 42ff., 87f., 101ff.
– abnehmende   46
– Überblick   45*
Legeliste   45*, 46
Legenest   77, 101
Legepause   46, 48, 65
Legeperiode   112, 123
Legereife   46, 64, 88
Legetätigkeit   14f., 34, 47f., 77, 113
Legevorgang   15ff., 16*
Leistungskurve   46
Leistungsrückgang   47, 51
Leukose   113ff.
Licht   22, 29f., 46ff., 74, 80, 93
Lichtbedarf   30
Lichtprogramm   46, 65*
Lichttag   65f.
Luftfeuchtigkeit   29f.
– relative   29f., 52, 79, 91, 93
Luftkammer   17
Luftkammer-Messer   17*
Lüftung   29, 47

Magenwurmseuche   116
Mangelerscheinungen   40, 108
Marek'sche Hühnerlähme   116
Mast, Aufzucht   70, 93
– Fütterung   71, 84
– Futterverbrauch   123
Mastdauer   72, 123
Masthybriden   8, 72
Masthybridherkünfte   70
Mastrassen   88
Masttiere, Fütterung   84ff., 93ff.
– Haltung   84ff., 93ff.
Mastverfahren   84
Mauser   12ff., 34, 46ff., 64f., 98
– erste   64, 85
– vorzeitige   48
Medikamente   25, 38, 108, 116
Mehlfutter   23, 67, 94, 113
Milben   28, 100f.
Mineralstoffe   35
Mittelmeerrassen   8
Moschusente siehe Barbarie-Ente
Muschelschalen   23*, 24, 36
Muskelmagen   14*, 15, 36, 117
Mycoplasmose (CRD)   109f.

Nährstoffe   15, 35
Nährstoffbedarf   36
Nest   27*, 47f., 55ff., 78*, 89f., 91*
Nestei   77
Nesteinstreu   27, 34
Neueinsaat, Auslauf   42
Newcastle-Krankheit   100, 112

Paarungsverhältnis   123
Parasiten   23, 100ff., 123
Parvovirushepatitis   117
Pekingente   87, 123
Pfriemenschwänze   104
Pickordnung   24, 32f.
Plymouth-Rock   32*
Pressfutter   34

Querentlüftung   29

Rassegeflügel   7, 64
Raufen, Gänsefedern   85
Rote Kükenruhr   siehe Kokzidiose
Rote Vogelmilbe   101
Rotschulterente   103*
Rundtränke   26, 38
Rupfen   12, 119f.
Rupfmaschinen   119f.0

Sandbad   28, 40*, 68
Schattenspender   47
Schieren   58*, 79
Schirmglucke   63
Schlachtgeflügel, herrichten   121*
– Verkauf   121
Schlachtkörper   84, 96f. 122
Schlachtreife   97
Schlachttiere   120, 122
Schlachttrichter   119
Schlachtung   70, 84f., 96, 119
Schlupf   54*, 56f., 78f., 88, 90f.
Schlupffähigkeit   52
Schnellmast   84
Schrankbrüter   57f., 59*, 78
Sickerschacht   25*, 25
Sinnesorgane   11f.
Sitzstangen   22*, 22f., 69f., 101
Spulwürmer   102
Stallbau   19ff.
– Wärmedämmwert   21
Stallfläche   19, 74, 76, 89, 123
Stallklima   19, 29f., 98, 104
Stallwände   20
Stress   38, 47, 51, 98

Temperatur   29, 71*, 79f., 91f.
Tiefstreu   5, 19, 27f.
Tierschutzgesetz   6, 96
Toulousergänse   10, 73*
Tränke   25, 82*, 90, 92
– automatische   25*
Trinkgefäß   24
Trinkwasser   12, 37f., 98f., 108ff.
Trockenrupfmaschinen   122
Trog   38f., 42, 66*, 70f., 97f., 100
Trommelrupfmaschine   120
Türkenente   siehe Barbarie-Ente

Ungeziefer   28, 56
Unterbringung   123

Ventilationssysteme   29
Verdauungsorgane   14*
Verdauungsvorgang   14
Verfettung   89, 96

Viruskrankheiten   112ff., 116
Vollmauser   12

Wachsbad   121
Wärmebedarf   123
Wärmequelle   63ff., 71*, 92
Wärmestrahler   71*
Warzenente   siehe Barbarie-Ente
Wasser   37f., 69ff., 78ff., 88*, 119ff.
Wasserbedarf, Küken   67
Weichfutter   34, 68f., 89, 93, 97
Weideauslauf   84, 97
Wenden, Bruteier   56f., 59, 79, 91
Wirkstoffe   36
Wohlbefinden, Anzeichen   14
Wurmbefall   41
Wurmeier   71, 100, 105f., 117

Zinkgefäße   25
Zuchtgänse   74ff.
Zuchttiere   51, 60, 88
Zwangsbelüftung   28*

Bibliografische Information der Deutschen Nationalbibliothek
Die Deutsche Nationalbibliothek verzeichnet diese Publikation in der
Deutschen Nationalbibliografie; detaillierte bibliografische Daten sind im
Internet über http://dnb.d-nb.de abrufbar.

© 1986, 2010 Eugen Ulmer KG
Wollgrasweg 41, 70599 Stuttgart (Hohenheim)
E-Mail: info@ulmer.de
Internet: www.ulmer.de
Lektorat: Ingeborg Ulmer, Dr. Eva-Maria Götz
Umschlagentwurf: red.sign, Anette Vogt, Stuttgart
Satz: r&p digitale medien, Echterdingen
Druck und Bindung: Firmengruppe APPL, aprinta druck, Wemding
Printed in Germany

ISBN 978-3-8001-6970-2